955 rue Amherst, Montréal, Québec, H2L 3K4

A jamais

© Irène Frain et Éditions Albin Michel S.A., 1999
pour la présente édition en langue française

22, rue Huyghens, 75014 Paris

ISBN 2-226-10830-0

Albin Michel

955 rue Amherst, Montréal, Québec, H2L 3K4

A jamais

Irène Frain

A jamais

Albin Michel

22, rue Huyghens, 75014 Paris
ISBN 2-226-10830-0

Sommaire

Au-delà du miroir 9

Rita Hayworth 19
Diana 85
Margaret 113
Ava Gardner 129
Marilyn Monroe 155
Daphné Du Maurier 173
Christina Onassis 185
Jackie Kennedy 237

Au-delà du miroir

Dans les temps reculés où les humains broyés par la fatalité couvaient encore l'espoir d'être transfigurés par la violence de leur destinée, on les aurait pris pour des dieux. On leur aurait érigé des sanctuaires, on leur aurait rendu, des siècles durant, peut-être pendant des millénaires, un culte et des cérémonies. Il y aurait eu des idoles, des liturgies, des offrandes, des sacrifices, des sacrements, des processions ; lors des fêtes, on aurait longuement narré leur légende noire et dorée, avant de les supplier d'accorder aux hommes, depuis leurs sphères célestes, l'horizon du salut.

Mais les dieux ont depuis longtemps déserté les temples. Leurs lieux saints sont à présent les journaux, les chaînes de télévision, les studios de cinéma, les CD-rom, les sites Internet – virtuelles et informelles églises que notre civilisation, les confondant toutes dans la religion de la communication, appelle les médias. Royaume où l'on exhibe à longueur d'année des figures de pellicule, de pixels et de papier glacé, offertes à l'universelle adoration – parfois aussi à la plus effroyable des exécrations.

Andy Warhol, dans un raccourci saisissant, choisit un jour de les nommer « pop-stars ». Ces images, en effet, sont les plus répandues au monde ; jamais leurs effigies, icônes d'un culte planétaire et païen, ne nous ont été aussi accessibles ; jamais non plus, du fait même de cette proximité et de la reproduction indéfinie de leur image, la réalité humaine de ces stars ne nous a été mieux dérobée.

C'est qu'elles sont entrées dans un monde à l'attraction encore plus puissante que l'univers des contes : le mythe. Lequel répond à un besoin aussi capital chez l'humain que l'obligation de boire et manger : l'envie de croire. Mais de la même façon qu'il est, devant certaines soifs, des sources trop fades ou trop amères, les hommes, pour souffrir la banalité de leur existence, refusent d'aller puiser leurs forces à n'importe quelle histoire. Ils lui demandent une clef universelle aux vicissitudes de leurs vies ; aussi la trajectoire de leur héros – et d'une manière beaucoup plus accusée s'il s'agit d'une héroïne – doit-elle se conformer à un parcours obligé, fondé sur la nécessité de combiner les plus absolus contraires, la splendeur et la misère, la gloire et l'obscurité, l'amour et la détresse, la marche triomphale et le chemin de croix, des félicités inouïes et le comble du chagrin.

Et bien davantage encore. Car l'envie de croire est un désir tyrannique ; en plus du vrai, elle exige de l'imaginaire, elle veut du spectacle, et du secret aussi, et de l'ordinaire, et de l'extravagant, et de la sagesse, et de la folie. Enfin elle ne saurait se contenter d'un simple jeu de rôles. Si la vie d'une pop-star ressemble toujours, peu ou prou, à la quête du Graal, elle se conclut immanquablement, non sur une victoire, mais sur une tombe ou une urne funéraire. Un piège guette le héros depuis sa naissance ; il aura beau vaincre, sa vie durant, les plus terrifiantes épreuves, le traquenard, un jour ou l'autre, se referme sur lui ; et à la fin de l'histoire, quand la mort vient le frapper, la leçon est identique, dans sa rigueur et sa simplicité : on n'échappe pas aux arrêts du sort.

Ce gouffre où vont s'anéantir les héros des mythes modernes constitue d'ailleurs une condition essentielle à leur empire sur les mémoires : c'est à la seconde de leur disparition que leur vie, se transformant en destin et métamorphosant leur apparence humaine en figure idéale, les éternise dans le souvenir. Embaumement par voie d'image. Fixée sur la pellicule en ses instants les plus parfaits ou les plus emblématiques – ces clichés ou ces séquences où la pop-star s'est faite l'incarnation sublimée de nos désirs inavoués, de nos ambitions inaccomplies –, sa chair se fait immatérielle ; aux heures qui suivent sa mort, commence une fête magnifique et poignante, sorte de moderne cérémonie funèbre où les larmes se mêlent d'une étrange exaltation, celle-là même, sans doute, qui avait donné naissance, dans l'Antiquité, au fantasme de l'apothéose ; la légende selon laquelle les humains choisis par les dieux pour être de leur nombre étaient, quelques jours après leur décès, kidnappés par les maîtres du ciel, puis installés à leurs côtés sous leur plus splendide apparence, au milieu des astres, des comètes, des constellations, des écharpes d'étoiles.

Dès lors, la pop-star devient un exemple, au sens originel du terme : un objet distingué des autres pour servir de modèle. Dans son destin, nous lirons désormais, comme en un miroir exagérément grossissant, un éclaircissement de nos propres misères, l'élucidation de nos douleurs, de nos passions lourdement engluées dans la platitude quotidienne. Rien qu'à lire le récit de leur vie, nous voici précipités dans leurs univers constamment ardents et sans mesure : galaxies de l'amour, de l'argent, du pouvoir, de la violence, de la création ou de l'autodestruction, de la beauté, de l'abjection. Mais, pour nous permettre de nous mouvoir sans risques en ces mondes intersidéraux, le mythe moderne conserve quelques repères qui demeurent à notre échelle : l'universelle fatalité de la solitude, de la maladie, de la mort.

Et ce luxe suprême : l'émotion brute. Avec ces récits, nous voici à nouveau enfants. Et pas moyen de définir quelle région de nous-mêmes nous fige devant les parcours de leurs héros. Sans doute notre part la plus archaïque, celle qui a peur du noir, celle qui réclame, chaque soir, des mots pour mettre la nuit en fuite et basculer, sans craindre d'y rester, dans la petite mort du sommeil.

Grâce unique du mythe : avec lui, rien à comprendre, rien à expliquer. Simplement écouter, se laisser porter par l'histoire. S'abandonner à cette magie indispensable à la survie de l'espèce humaine. Au même titre que le langage et le rire, elle nous distingue du genre animal ; c'est la simple grâce d'un récit.

Mais pour qu'elle avance, cette belle histoire, pour qu'elle suscite ce culte collectif qui est le fondement même du mythe, son héros, ou son héroïne, se doit impérativement d'être exceptionnel. Pas plus singulier que lui, pas plus vilain petit canard. Une fois transformé en cygne, il sera aussi le plus beau de tous ; par là même le plus solitaire. Pour autant, il se devra de parler à ce qu'il y a de plus commun, de plus massif dans l'humanité.

Ainsi, aucune femme n'a pu reproduire à l'identique le sex-appeal de Marilyn. Cependant le récit de sa vie ne cesse de nous arracher des larmes ; à croire qu'elle est notre mère, notre fille, notre sœur. Tout simplement parce qu'en suivant sa fulgurante trajectoire, chacun de nous retrouve son effroi le plus enfantin : la peur de l'abandon ; et la plus spontanée, la plus banale des réponses données à cette terreur : l'envie de séduire, irrésistiblement. Dès lors, quelles que soient les vicissitudes de sa vie, nous sommes tous des Marilyn ; ses déceptions professionnelles sur les plateaux de Hollywood se mettent à ressembler, par on ne sait quel sortilège, à nos minuscules histoires de bureau ; jusqu'à son tube de barbituriques, à la fin de l'histoire, qui a un petit air de famille avec la plaque de somnifères qui nous attend sur notre table de nuit comme sur la sienne, pour les soirs de bleus à l'âme.

L'exemple de la princesse de Galles est encore plus criant : lors de son décès, aurait-elle déclenché une tornade d'émotion planétaire si elle s'était résumée à son état civil, Spencer Diana, épouse Windsor, descendante d'une lignée de grossistes en bestiaux anoblis il y a cinq siècles pour cause de virtuosité dans le négoce de la viande de mouton, épouse légitime du prince héritier d'une monarchie constitutionnelle au prestige écorné ? En voyant passer le cercueil de la princesse de Galles, les foules qui l'adulaient pleurèrent en fait leur propre malheur, la souffrance d'individus à l'âme amaigrie, d'hommes et de femmes déboussolés par les mutations de notre fin de siècle, égarés dans une société de plus en plus déstructurée et qui n'arrête plus de bégayer entre tradition et rêves d'un *new age*; un univers où s'affrontent dans le plus grand désordre les exigences les plus contradictoires : fantasmes du grand amour et diktats du féminisme, argent roi et compassion humanitaire, culture du supermarché et espoir nébuleux d'une spiritualité détachée des biens matériels...

Star, fourre-tout où nous engloutissons nos tourments, nos ambitions. Avant de raconter sa vie, elle raconte le monde ; et, à force de le refléter dans son gigantesque kaléidoscope d'images, elle le façonne. Pour minuscules qu'elles paraissent, ses petites histoires finissent par modeler l'Histoire, la grande. Parce que la star n'est pas comme nous, nous la croyons plus forte que nous ; et nous la chargeons, de son vivant, de tous nos rêves, de toutes nos peines. Voilà pourquoi nous l'aimons. Mais seulement pour un temps : celui où elle nous paraît pouvoir porter ce faix ; au premier faux pas, nous la brûlons.

Star objet du désir, mais aussi réceptacle des haines. En quelques jours, elle peut être désignée comme cible des pires frustrations. Et elle n'a pas le droit à la parole ; car ce qu'il faudrait alors expliquer – qu'elle n'est pas au nombre des dieux, qu'elle n'en possède que l'apparence – les foules ne peuvent, ne veulent pas l'entendre. Tôt ou tard, le chemin de croix commence, la star doit payer. Pour cette seule faute, son péché originel, sa faiblesse et sa force : être du peuple des hommes tout en ayant ressemblé aux dieux.

Et c'est cela aussi qu'au jour de sa mort nous aimons dans son histoire : notre propre cruauté.

Il est enfin une dernière condition à l'entrée au panthéon des mythes : posséder ce qu'on appelle, depuis deux décennies, « un look ». Emporté dans son monstrueux tourbillon d'images, aiguillonné par les progrès prodigieux de la cosmétique et de la photographie, encouragé par la fascination mondiale pour les phénomènes de mode, le vingtième siècle se meurt dans une course planétaire à l'apparence la plus spectaculaire. Sans l'émergence d'un physique singulier – qu'il soit le fait du hasard ou d'un calcul minutieux –, nos héros ne seraient pas admis dans le temple des médias. Le chemin de la gloire passe obligatoirement par la conquête de l'image ; et par l'annexion de la lumière unique qui fait la star, ce scintillement étrange qui réussit le prodige de la rendre à la fois très lointaine et très proche, météore et astre fixe, charismatique, au sens propre du terme : un être visité par la grâce.

Bien entendu, le phénomène est plus perceptible chez les grandes figures du spectacle que chez les personnages politiques, et chez les femmes plutôt que chez les hommes. Mais les politiques ont de plus en plus recours aux gourous du show-biz ; quant aux mâles, ils sont eux-mêmes de plus en plus soumis à la tyrannie des apparences. Enfin, avec l'expansion de cette dictature d'un nouveau genre (entamée dès les années trente et quarante, à Hollywood, qui en découvrit et fixa pour l'essentiel les règles draconiennes), une fatalité inédite s'est mise à guetter les êtres d'exception : puisque ce sont les médias qui les consacrent, ils deviennent leur proie. Pas un instant de leur vie qui ne soit analysé, scruté, fouaillé, offert à la curiosité universelle ; et les stars encourent alors le pire des risques : la dépossession de leur personnalité. Ne plus savoir qui on est, de l'image ou de ce qui a donné naissance à l'image (le plus souvent, une immense détresse originelle). Ne plus savoir où l'on va ; car la vie bouge, se transforme et détruit, quand l'image, elle, fige la magie des instants.

Et ce combat le plus désespéré de tous : comment pérenniser la grâce de la jeunesse, comment se battre contre le Temps ?

Voilà pourquoi, dans ces modernes histoires de bruit et de fureur, tant de figures ressemblent à des statues d'argile. Au premier chef celles de ce premier tome, de Rita Hayworth à Christina Onassis, de Margaret d'Angleterre à Ava Gardner, de Diana à Daphné Du Maurier en passant par Marilyn Monroe et Jackie Kennedy. Le schéma est presque toujours implacable : ce qui les conduit à la gloire est aussi ce qui va les pousser à la chute ; et leur misère est contenue dans ce qui fonde leur splendeur. Il en va de même pour les grands politiques et bâtisseurs du vingtième siècle, pour les souverains du glamour, pour les emblèmes du rêve monarchique, les couples légendaires, enfin les femmes de caractère, objets des cinq volumes à venir. Et même si ces grands archétypes présentent parfois des trajectoires moins heurtées, leur caractère même d'exception les destine sans pitié à des défaites aussi lourdes que leurs triomphes ont été éblouissants.

Comme si les hommes du siècle qui s'achève n'avaient pu s'engouffrer dans le troisième millénaire sans le secours du principe qui régit les tragédies antiques : les dieux qui choisissent de combler un être de bienfaits jureront un jour sa perte avec le même excès.

A l'aube de l'an 2000, nos grands héros continuent donc de suivre le parcours archaïque des figures emblématiques des grandes civilisations, guerriers, fondateurs de légendes, explorateurs, rois détrônés, amoureux et amoureuses passionnées ou pervers, personnages crucifiés par des tragédies familiales. Peu de différence, en fin de compte, entre nos modernes stars et Adam et Eve chassés du Paradis, Ulysse, Hélène, Sisyphe et son rocher, Phèdre amoureuse de son beau-fils, Ariane abandonnée par son séducteur au sortir du labyrinthe, le chemin de croix de Marie et du Christ, Deirdre des douleurs, Tristan et Iseult, Roméo et Juliette, lady Macbeth, le Roi Lear, Don Quichotte, Don Juan, Faust, Carmen, Norma, Monte-Cristo, et tant d'autres… Toujours les mêmes rêves de fortune, de bonheur absolu, de règne sans partage. Perpétuelle chasse aux plus belles femmes, aux meilleurs amants ; nababs croulant sous l'or, saints, fous et sages, poètes maudits, aventuriers cyniques, flamboyants ou étourdis par leurs chimères, crimes sauvages ou froids, rires, terreurs, sanglots, laideur extrême ou grâce pure, qui sidère. L'Histoire, du reste, autant que les fictions, avaient continûment fourni en mythes l'imaginaire mondial : qu'on songe seulement au trio légendaire que forma Cléopâtre avec César et Antoine, à Roland appelant Charlemagne avant d'expirer dans la gorge de Roncevaux, qu'on se souvienne des douleurs d'Héloïse et Abélard persécutés par l'étroitesse d'un monde ennemi de l'amour, qu'on pense à Marie-Antoinette rachetant sur l'échafaud la légèreté inouïe de ses années de règne, à Bonaparte saisi par le vertige de devenir Napoléon... Les héros du vingtième siècle ne se distinguent d'eux que sur un point, mais il est capital : les figures mythiques sont désormais aussi dépendantes de l'image que du récit qui organise leur légende.

Des effigies si nombreuses, si péremptoires qu'elles tiennent désormais lieu de manifestes esthétiques, de programmes politiques, de professions de foi ; et c'est ainsi que, *via* la photo, le cinéma, la télévision, les pop-stars se sont faites icônes, au sens propre du terme : images vénérées comme la manifestation même de la divinité. Car elles possèdent aussi assez d'ombres et de replis obscurs pour que l'imagination prenne son essor et laisse place à l'essentiel : l'espoir, le rêve.

C'est ce dialogue incessant que cette série de récits va tenter de reconstituer. Non seulement le mythe, mais la construction du mythe. Le fossé qui sépare la construction des images et la réalité d'une vie, l'isolement d'un être visité par l'exception, et les masses qui l'ont choisi pour le charger de leurs désirs et de leurs espérances. La pièce qui s'est jouée, et ce qui se passait en coulisses. La quête du Graal, avec la carte de la forêt où les héros, pour le conquérir, ont voulu s'aventurer.

Le romanesque, pour tout dire, cette seule et frêle passerelle à nous conduire, nous les sans-grade de la destinée, vers le séjour des dieux – le temps d'un frisson, l'espace d'un battement de cœur.

Comme si nous partions vagabonder dans le sillage d'une comète et recueillir au creux de notre main de la poudre d'étoiles.

La gloire
et les larmes de Gilda

Rita Hayworth

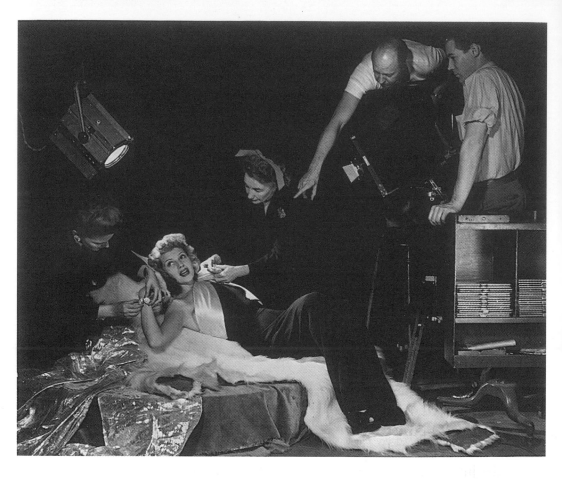

Docile et patiente, celle qu'on surnomma
la déesse de l'amour, se plie à toutes
les exigences de la mise en scène.

Pour l'amour d'Ali Khan,
Gilda devient « Princesse Rita »
et affirme : « le mariage est le seul
bonheur d'une femme. »

Rita Hayworth
La gloire et les larmes de Gilda

Le 17 octobre 1918, à New York, dans un couloir d'hôpital, trépigne un jeune homme au charme latin. Soudain, une infirmière surgit et vient lui annoncer qu'il est le père d'une petite fille. Il a vingt ans, il est né à Séville ; à longueur d'année, il danse des boléros et des séguedilles dans les théâtres de Broadway. C'est donc une affaire entendue : cette enfant, il va l'appeler Carmen. Comme la coureuse de routes, la bohémienne fatale, à qui aucun homme, jamais, n'a pu résister.

Lui-même, Eduardo Cansino, se sent un peu errant. Ses ancêtres, des juifs marranes, ont été persécutés du temps où l'Inquisition terrorisait l'Espagne. Ils ont dû changer de nom et, des décennies durant, ils ont mené une vie cahotique sur les routes de Castille, d'Andalousie et d'ailleurs. Le père d'Eduardo Cansino a aussi parcouru le monde ; du temps de sa jeunesse, quand il était danseur, il s'était produit devant tout ce que l'Europe comptait de riche et de glorieux, depuis le roi Alphonse XII jusqu'à la reine Victoria. Un jour, il a voulu conquérir l'Amérique. C'est ainsi qu'il s'est retrouvé à Newport, où il s'est marié et a eu sept enfants, dont ce jeune homme, Eduardo, qui vient à son tour d'être père.

Comme ses frères et sa sœur, Eduardo n'a pas choisi sa voie, c'est son père qui en a décidé pour lui – la même que la sienne : la danse. Avec ses sept enfants, il a fondé un groupe de danseurs andalous, les Dancing Cansinos. Le groupe a eu du succès : le charme latin est à la mode, les femmes se laissent facilement troubler par l'exotisme un peu louche des boléros, tangos et autres fandangos.

Mais à seize ans, Eduardo en a eu assez des castagnettes. Il s'est mis à rêver d'héroïsme, il a voulu retrouver ses racines, l'Espagne de ses ancêtres, et s'est juré qu'il deviendrait torero. Il a fugué. C'était oublier l'obstination de son père, qui l'a retrouvé. Pour l'arracher aux arènes, il l'a séquestré jusqu'à ce qu'il se soumette.

Eduardo a baissé la garde, il a promis qu'il reprendrait la danse, il est rentré aux Etats-Unis où il a réintégré le groupe des Dancing Cansinos. D'abord de mauvaise grâce, et dans la mélancolie. Jusqu'à ce qu'il rencontre une fille d'acteurs, aussi bohème que lui, une Irlandaise nommée Volga Haworth. Elle n'avait que dix-sept ans mais ce fut le coup de foudre. Peut-être à cause de leur goût commun pour l'errance : sa mère, Maggie O'Hara, avait parcouru les chemins cailllouteux d'Irlande pour jouer les comédies naïves et sentimentales en vogue à la fin du dix-neuvième siècle ; quant à son père, c'était aussi un saltimbanque, dans un registre toutefois plus respectable : le répertoire shakespearien. Comme Eduardo Cansino, les Haworth ont un jour trouvé l'Europe trop terne, trop étroite pour leur envie de vivre. Comme lui, ils ont rêvé d'horizons plus larges, de publics plus frais, plus enthousiastes, d'argent qui coulerait à flots et, pour tout dire, de gloire.

Ils sont partis. Et ils ont déchanté : en lieu et place de l'Eldorado, ils ont découvert un monde où, pour payer leur loyer, ils ont dû faire travailler leur petite Volga dès l'âge de six ans. Ils l'ont poussée sur les planches. Mais ses parents l'ont très vite détournée du théâtre : la danse, prétendent-ils, il n'y a plus que ça pour nourrir son homme. Seulement à seize ans, Volga en a eu assez des valses et des parquets cirés. Comme Eduardo, elle a fugué. Pour faire du théâtre. Eux aussi, les Haworth, ont remué ciel et terre pour retrouver leur fille ; et Volga, tout comme Eduardo, a dû elle aussi se soumettre, reprendre la danse, courir les cachets. C'est ainsi qu'elle est entrée aux Ziegfield Follies. Et qu'elle a rencontré, par un matin de 1917, juste avant une audition, un danseur espagnol athlétique et hautain, qui l'a longuement fixée, sans dire un mot.

C'est la tactique préférée d'Eduardo, quand il veut séduire une femme ; depuis que le tango est à la mode, il a bien remarqué que les femmes adorent les hommes au charme latin, les *latin-lovers* ; et il joue à la perfection de ses airs à la fois mystérieux et sensuels.

Mais cette fois, il va se prendre à son propre jeu. La jeune Irlandaise est pétulante, irrésistible Eduardo, le premier, prononce le mot de mariage. Les parents de Volga poussent les hauts cris : épouser un émigré espagnol, quelle tare pour les Haworth !…

Volga argumente : où est la différence ? ils sont eux aussi des arrivants de fraîche date. Les Haworth ne veulent rien entendre, ils se considèrent comme de purs Américains, et ces Cansino comme de la racaille étrangère. La jeune fille menace ; en vain. Volga décide de passer outre, épouse Eduardo, qui lui fait aussitôt un enfant – cette petite fille qui vient de naître et qu'il s'apprête à conduire sur les fonts baptismaux.

Prénom Carmen, rêve tout haut Eduardo. Il propose son idée à Volga. A sa grande stupeur, elle s'y oppose. Ce sera Margarita ou rien.

Eduardo se dit qu'elle cherche un équivalent espagnol du prénom de sa mère, Maggie ; et il cède. Mais le cœur gros ; et sa vie durant, cette petite fille, il s'entêtera à l'appeler Carmen, alors même qu'elle sera devenue la star la plus célèbre de Hollywood sous le nom de Rita Hayworth...

Enfin des paroles curieuses sont prononcées au-dessus du berceau de ce nouveau-né fripé. La meilleure amie de Volga lui rend visite à l'hôpital. La mère lui dépose le bébé dans les bras pendant quelques minutes. « On dirait une princesse », murmure la visiteuse. On se moque d'elle : ce n'est qu'un nourrisson braillard, un peu rougeaud. « Regardez comme elle se tient bien », s'entête l'amie de Volga. « Un vrai maintien de princesse... »

Pendant toute son enfance et son adolescence, avec les mêmes rires, on racontera l'anecdote à Margarita. Quand on la lui rappellera à vingt ans, lors de ses débuts au cinéma, elle y verra une préfiguration de sa carrière de reine de l'écran. Jamais elle n'en sera troublée ; jusqu'aux années cinquante, au moment où elle décidera d'épouser Ali Khan, devenant ainsi la première star couronnée – pour de vrai...

Rien ne l'annonçait. L'enfance de Rita fut terne et presque sordide. Dès ses premières années, la petite fille paraît vouée au même destin que ses parents et grands-parents : gagner sa vie en s'exhibant sur les planches. Dans les années vingt, à New York, la vie quotidienne des émigrés espagnols ne s'améliore guère. Volga met au monde deux autres enfants, des fils, Eduardo junior et Vernon, qui restera toujours très attaché à sa sœur. Le père passe le plus clair de son temps à courir le cachet. « Travailler, travailler, c'est le seul mot que j'aie entendu durant mon enfance », confiera plus tard Rita. « Mes parents m'ont appris à danser avant que je n'aie marché… »

Et, avec le regard lointain et presque égaré qu'elle prenait toujours quand elle évoquait le passé, Rita Hayworth ajoutait : « Je n'ai jamais été une petite fille. C'est fou de voir combien la plupart des gens qui connaissent des réussites exceptionnelles sont presque tous des gens comme moi, des gens qui n'ont pas eu d'enfance… »

Seule lumière dans ce sinistre univers, la passion sans bornes que la petite fille voue à son père. Il lui dit de danser, elle danse. Ce n'est encore qu'une gamine rondouillette, mais il a remarqué qu'elle est gracieuse et qu'elle sait bouger. Rita n'a pas quatre ans qu'il l'exhibe en Sévillane, avec éventail et castagnettes, à la fin du spectacle qu'il donne à Carnegie Hall. Sa chorégraphie a été réglée par son grand-père : une sorte de flamenco adapté à son physique enfantin.

« Je ne me souviens pas si j'ai été applaudie ou non », raconta Rita Hayworth. « Sans doute, car le public est toujours indulgent avec les enfants… » Ce qui est certain, en revanche, c'est que son père ne supporte pas que la gamine fasse preuve de la moindre initiative : un soir, à l'âge de sept ans, elle assiste à une prestation particulièrement réussie d'Eduardo, en compagnie de sa partenaire favorite, sa sœur Elisa. « J'étais dans les coulisses avec maman », se souvint Rita Hayworth. « Dans ce genre de circonstances, les enfants sont souvent surexcités. A la fin, alors que tout le monde applaudissait, je me suis précipitée sur scène et j'ai salué le public. Papa a été furieux… »

Pourtant, en cette enfant, rien n'annonce la femme que des millions d'hommes aduleront sous le nom de « déesse de l'amour ».

A cette époque, on la décrit comme « un petit bout de chou tout rond, bien tranquille, une bonne bouille de petite fille sage avec une frange noire ». Son père exige qu'elle aille à l'école avec les enfants de la bourgeoisie du quartier où il a tenu à s'installer. Elle est timide et studieuse ; parallèlement, il lui impose des cours de danse particulièrement contraignants. Margarita obéit sans sourciller : dès cette époque, rien ne lui paraît plus affreux que de désobéir à Eduardo… Du reste, une relation curieuse unit déjà père et fille : il s'occupe davantage d'elle que de ses frères ; et, bien entendu, il s'entête à l'appeler Carmen… La petite n'est pas en reste : dès que son père rentre du travail, elle se précipite vers la salle de bains, elle veut être sûre que personne d'autre qu'elle ne remplira sa baignoire ; et elle surveille la température de l'eau avec une attention toute particulière…

De son côté, Eduardo s'emploie à faire écran entre la gamine et sa mère. Il y parvient très bien : devenue star, Rita parlera très peu de Volga ; et de toute façon, depuis la naissance de ses enfants, Eduardo relègue son épouse au second plan. Il lui a interdit de remonter sur les planches et, sous prétexte qu'il ne connaît rien aux affaires, lui a confié la gestion de ses intérêts.

Volga y a pris goût. Elle croule sous les contrats, les factures, les relevés de banque. L'argent coule à flots, elle le gère. L'enfant grandit dans les loges de son père, de ses oncles : « Du plus loin que je me souvienne », confiera-t-elle à la fin de sa vie, « je me vois jouer dans une loge. Je joue avec les pots de maquillage. Je me coiffe pendant des heures, je me regarde dans une glace ».

Déjà l'obsession des miroirs, telle qu'elle la poursuivra toute sa vie et telle qu'Orson Welles la mettra génialement en scène dans *La Dame de Shanghai*. Dans ce milieu de saltimbanques où tout le monde gagne sa vie en se produisant sur les planches, personne ne songe à contrarier la petite fille. On y verrait plutôt un signe encourageant.

Un jour de 1926, dans le studio de danse de son père, à Brooklyn, Margarita découvre une caméra pour la première fois de sa vie. On est venu filmer Eduardo pour un court métrage. Tout naturellement, il impose sa fille comme partenaire. Le petit film est une réussite et passe en première partie de *Don Juan*, un long métrage où John Barrymore tient le rôle principal. L'expérience semble avoir plu à l'enfant ; mais elle ne dira jamais pourquoi, si c'est de s'être vue, elle, ou d'avoir pu enfin danser dans les bras de son père...

Un semblant de bonheur. Il ne dure pas : le krach de Wall Street, en 1929, ruine aussi le monde du spectacle. Les Dancing Cansinos ne décrochent plus un contrat et, en même temps que leurs finances, leur légendaire esprit de famille se volatilise. Le groupe se dissout. Volga se met à boire, d'abord en cachette, puis ouvertement. Eduardo retrouve ses réflexes d'errant, décide de quitter New York, achète une grande roulotte de gitans, sans chauffage, où il entasse femme et enfants, et part au hasard des routes.

Il veut gagner la Californie et ses studios de cinéma. Dans toutes les conversations, on évoque le cinéma parlant. Eduardo est persuadé que l'avenir des danseurs, ce sont les comédies musicales filmées. Il aura sa chance, il en est sûr, avec son talent pour le tango et son physique de *latin-lover*. En attendant, pour boucler ses fins de mois, il acceptera n'importe quel engagement.

Margarita a douze ans. Elle est toujours aussi soumise et silencieuse. Et sans doute malheureuse. Des dizaines d'années plus tard, elle ne parvenait pas à évoquer cette longue errance sur les routes américaines sans être saisie d'une intense amertume : « J'en ai dormi, des nuits dans les roulottes… je détestais cela. C'était sale, sordide. J'ai toujours envié les gens qui vivaient des vies normales, dans des maisons solides et chauffées. »

Mais elle ne se plaint jamais. « J'avais trop peur de déplaire à mon père », explique-t-elle. « Il n'avait que deux mots à la bouche : travail, discipline. »

Ils parviennent à Hollywood. Eduardo décide de s'y fixer et d'y fonder une école de danse. Il l'ouvre à l'angle de Sunset Boulevard et de Vine Boulevard. Les cours ne sont pas très chers, les élèves accourent. Margarita les suit avec assiduité et bénéficie ainsi des leçons de plusieurs actrices célèbres, dont Betty Grable. En apparence, les Cansino sont fixés.

En fait, ils demeurent toujours aussi bohèmes : des mois durant, en prévision d'un hypothétique numéro, ils élèvent des otaries dans une baignoire… Ils ont gardé leur roulotte et sont prêts à repartir sur les routes à la première occasion. Car Eduardo n'a pas renoncé à danser et se creuse la tête pour inventer de nouvelles chorégraphies. Un jour, lors d'une répétition, sa partenaire se casse la jambe. Le spectacle menace de capoter, la panique gagne les organisateurs quand Volga intervient et déclare avec le plus grand sang-froid : « Il est absolument inutile de s'affoler. Margarita est parfaitement en mesure de reprendre le rôle. »

Eduardo n'y croit pas. Et surtout, l'idée de voir sa fille sur les planches lui est insupportable – alors même que c'est lui qui lui a appris le métier… Seule l'urgence le fait changer d'avis et il consent à la voir se produire sur scène. La mort dans l'âme, il se cache au fond de la salle pour assister à la prestation de Margarita. Quand elle est terminée, il ne peut quitter sa place. Volga va le chercher et découvre un homme bouleversé. Il ne parvient pas à articuler un mot. Elle insiste. Il finit par avouer : « D'un seul coup, il a fallu que j'accepte que ma fille n'était plus un bébé. »

Puis le professionnel de la scène l'emporte sur le père. Il faut se rendre à l'évidence : Margarita est une beauté, ce qu'on appelle aux Etats-Unis un *buxom*, une jeune fille pulpeuse, souriante, appétissante, une belle plante. Et, par surcroît, elle danse à la perfection. Enfin il y a ses cheveux, noirs, drus, luisants. Elle sait déjà en jouer. Elle pourrait gagner beaucoup d'argent.

Eduardo est fier ; mais effrayé aussi, et profondément troublé. Quand il parvient à chasser son émotion, une idée le traverse : pourquoi ne pas prendre Margarita pour partenaire ? Sa danseuse préférée, sa sœur Elisa, vient de le quitter : pauvre pour pauvre, elle a préféré retourner vivre en Espagne. Eduardo a trente-six ans, sa fille seize. S'il se rajeunissait, si elle se vieillissait ?

Le seul ennui, c'est qu'elle est mineure et que la loi est formelle : à seize ans, il lui est inderdit de se produire dans un cabaret. Il va falloir tricher. Eduardo s'y emploie et finit par dénicher un engagement dans une boîte de Tijuana, un quartier de Hollywood à la réputation extrêmement douteuse. Le night-club est une sorte de construction rococo où viennent traîner les nouveaux potentats des compagnies de cinéma.

Eduardo met au point un numéro fondé sur des versions modernisées du boléro et du tango. Il sait que sa fille sera parfaite ; et il est persuadé qu'il tient enfin sa chance. Le vieux grand-père Cansino aussi, qui offre à Margarita, en guise de porte-bonheur, une paire de castagnettes.

Leur succès est immédiat et inouï. Personne ne soupçonne qu'Eduardo et Margarita sont père et fille ; et pourtant, à la fin du numéro, les lèvres des deux partenaires s'effleurent… Dans la salle, personne ne devine non plus pourquoi la danseuse est si séduisante : parce qu'elle veut plaire à papa. Si elle aguiche ainsi, c'est pour rester l'unique, l'absolue idole de son père ; et ce qui transfigure Eduardo et Margarita, c'est l'amour qu'ils ne feront jamais ensemble…

Mais dans les coulisses, auprès de son inséparable bouteille de whisky, Volga veille. Ce qui l'inquiète n'est pas la relation de plus en plus ambiguë qui s'est installée entre sa fille et son mari, mais le regard des spectateurs : ils sont hypnotisés par la grâce de sa fille. Sans doute sous l'effet de la jalousie, elle s'en ouvre à son mari. Il devient aussitôt fou de rage : la seule idée qu'un homme puisse approcher Margarita le jette dans une colère muette, encore plus redoutable que les éclats dont il est coutumier.

Il décide alors de surveiller les moindres faits et gestes de sa fille. Volga jubile et se met elle aussi à l'espionner avec une vigilance de tous les instants. Entre les numéros, elle l'enferme à double tour dans sa loge pour s'assurer, dit-elle, « qu'elle ne fera aucune mauvaise rencontre ». Dans les coulisses du night-club, Margarita retrouve ainsi sa solitude de petite fille, le jeu avec les fards, le tête-à-tête avec les miroirs ; et, comme naguère, tout le temps qu'elle est enfermée, elle le passe à coiffer et recoiffer sa magnifique chevelure. A une différence près : elle sait à présent qu'elle est séduisante. Puisqu'elle plaît à son père. Puisqu'il est si jaloux. Puisque certains hommes, dans la salle, l'ont si bizarrement observée. Et puis on vient parfois frapper à sa porte, on l'appelle, on murmure son nom ; quelquefois ce n'est qu'un grattement, un signe timide pour lui demander d'ouvrir. Mais elle est enfermée, et sa mère, à côté, est prête à bondir au premier soupçon…

Cependant le pire n'est pas la jalousie de sa mère. Ce serait le rejet de son père. Depuis qu'ils dansent ensemble, Eduardo est si prévenant, si inquiet. Sa passion pour sa fille est devenue si évidente que les clients de la boîte l'ont remarquée et l'ont surnommé : « Mamma Cansino »… Quand il n'est pas à la couver, Eduardo l'étourdit de travail : jusqu'à vingt shows par semaine. Leur engagement est prolongé ; durant dix-huit mois, ils occupent la scène du night-club. Jusqu'au moment où Eduardo décide que c'en est assez, qu'il veut tenter sa chance ailleurs.

Il ressort sa roulotte, ils vont partir au Mexique, dit-il, à Agua Caliente, un décor d'haciendas, de cactus et d'eucalyptus où les riches touristes américains viennent en quête d'exotisme facile ; mais on y rencontre aussi beaucoup de cinéastes de Hollywood, des hommes d'affaires, des agents qui vivent dans la mouvance des producteurs. Cette fois-ci, jure-t-il aux siens, la chance sera au rendez-vous.

Le night-club d'Agua Caliente était aussi sordide que celui de Hollywood ; la seule différence, c'est que les nuits de pleine lune, les représentations se déroulaient en plein air. Pour le reste, tout fut comme à Los Angeles. Les danses à la fois douces et violentes de Margarita déchaînaient chaque soir les applaudissements ; Volga et Eduardo, fous d'inquiétude et de jalousie, la couvaient comme le lait sur le feu.

Un premier homme tente d'approcher la jeune fille. Il se nomme Judson, il arrive de Hollywood, il a quarante ans, il est très riche, il grenouille dans la promotion immobilière, les puits de pétrole, la vente de voitures. Il se prétend aussi imprésario. En fait, c'est qu'il est un play-boy très riche doué d'une tendance affirmée à confondre les affaires et ses histoires d'amour.

Il est fasciné par Margarita. Il essaie de la rencontrer, sans succès. Et il perd sa trace : la roulotte a repris la route ; déçu par le Mexique, Eduardo a décidé de rentrer en Californie. A Santa Monica, le père de la jeune fille décroche un petit contrat pour une exhibition à bord d'un yacht, puis un autre à Long Beach. C'est alors qu'il tombe malade. Margarita s'essaie à danser en solo : mais sans Eduardo, elle perd toute confiance en elle et se fait renvoyer.

La situation des Cansino devient catastrophique. Margarita est prise de crises de boulimie et ne veut plus danser. Quand elle ne mange pas, elle passe ses journées à s'étudier dans la glace, à se peigner, à se maquiller ; et comme elle vit à deux pas des villas somptueuses de celles qu'on appelle encore les *screen-stars* (« étoiles de l'écran »), elle se met à rêver de cinéma.

Son père aussi : en cette année 1933, la crise économique se termine, le public recommence à réclamer des idoles, la presse, pour nourrir ses colonnes, a besoin de créatures de rêve. Eduardo se persuade que Margarita peut remplir cet office. Déchiré entre son amour pour sa fille et son espoir de la voir réussir, il lui fait donner des cours de maintien, la pousse à se présenter dans les castings. A la Columbia, à la Fox, à la Warner Bros, les producteurs auditionnent à longueur de journée ; des centaines de jeunes femmes viennent tenter leur chance. Pourquoi pas Margarita ?

On la remarque ; mais les décideurs de Hollywood sont rebutés par son physique. Ainsi, après son premier bout d'essai, en cette année 1933, elle reçoit une lettre de refus à décourager la plus aguerrie des comédiennes : « Vous possédez une certaine allure et un visage agréable mais vous êtes trop brune, votre front est trop étroit et vos narines sont trop larges. » Malgré cette muflerie, elle tient bon. Elle a raison : un producteur, Winfield Sheehan, finit par la prendre sous contrat, à condition qu'elle abrège son prénom en « Rita ». Elle accepte et fait ses débuts aux côtés de Spencer Tracy dans un film nommé *L'Enfer*.

Des années plus tard, devenue solitaire et blessée, Rita verra dans ce titre une préfiguration de son destin de star, une sorte d'avertissement sur l'univers où elle venait d'entrer. Mais, sur le moment, elle n'y vit que l'occasion d'affirmer son indépendance : elle supportait de moins en moins son père possessif et sa mère alcoolique ; et comme elle était obligée, par contrat, de suivre des cours avec d'autres professeurs qu'Eduardo, elle en profita pour prendre ses distances avec eux. Ses rôles se cantonnent encore à quelques répliques et elle n'a guère le temps de répéter : « On vous met une couche de maquillage en vitesse, on vous donne votre texte et c'est parti ! » Moments difficiles ; la jeune Rita est très tendue ; mais grâce à des acteurs plus âgés comme Katharine Hepburn, Cary Grant, Warner Baxter, elle prend rapidement plaisir à se retrouver devant une caméra et, autant elle est réservée et introvertie en privé, autant elle s'épanouit dès que son visage et son corps sont baignés par les lumières des sunlights.

Elle incarne alors toutes les variétés de femmes exotiques : les Egyptiennes, les Mexicaines, les Russes… Films de série B, où on la force à prendre des accents fantaisistes ; premiers westerns, qu'elle tourne tant bien que mal, car elle déteste les chevaux. Mais aucune promotion à l'horizon : les producteurs la jugent « trop espagnole, pas vraiment jolie et terriblement timide ». Le plus hostile de ces nababs du cinéma est Darryl Zanuck : alors qu'elle avait placé toutes ses espérances dans le personnage central du film *Ramona*, il lui refuse sèchement le rôle. Elle frise la dépression, va se réfugier chez son grand-père. Ses visites chez ses parents sont de plus en plus brèves. Et elle se met à guetter sa chance.

Elle n'attend pas longtemps : on la rappelle presque aussitôt pour un rôle dans un nouveau film de série B, *Human Cargo*. Encore un rôle d'étrangère. Mais il lui semble plus intéressant que les précédents. Toutefois, l'incohérence de Zanuck la déconcerte : « Je ne comprenais rien à ce qui m'arrivait. D'un côté on me licenciait, de l'autre on m'engageait… » Elle lui demande un rendez-vous pour qu'il s'explique. Il refuse ; il est clair qu'il la déteste – sans qu'elle saisisse pourquoi.

C'est alors que sa route, une seconde fois, croise celle de ce Judson qui l'avait tant admirée à Agua Caliente, sans pouvoir jamais l'approcher. Margarita est au plus bas. Il n'a aucune peine à la fasciner : la quarantaine, des tempes grisonnantes, et ce prénom d'Edward, l'équivalent anglais de celui de son père… Il lui dissimule qu'il a déjà été marié deux fois et l'emmène dans une boîte de nuit.

« En fait, j'étais très embarrassé », confiera-t-il quand Rita sera parvenue au sommet de sa gloire. « Je me disais que cette jeune fille était somptueuse et que, malheureusement, cela ne se voyait pas. C'étaient ses vêtements qui clochaient. Dès ce jour-là, je me suis mis à rêver de devenir l'équivalent masculin de la marraine de Cendrillon. »

Il se sent surtout prêt à n'importe quelle intrigue pour lancer sa nouvelle conquête. Il connaît très bien le patron de la Columbia, Harry Cohn. Il la lui présente. Le producteur tombe immédiatement sous son charme. Puis Judson la fait sortir du bureau et confie son plan à Cohn : changer le style de sa protégée, changer son nom et l'épouser. Cohn est d'accord. Comme Judson, il trouve qu'elle a trop de seins, trop de fesses et qu'elle est trop brune pour paraître américaine. Judson ajoute alors qu'il faut agir en douceur, à cause de sa famille, et surtout de son père.

Il voit juste : quand il s'ouvre de ses projets aux Cansino, ceux-ci sont horrifiés et demandent à Rita de rompre. Elle refuse ; Harry Cohn, pour commencer, lui confie un petit bout de rôle dans une comédie policière. Rita est ravie : enfin un rôle d'Américaine. Parallèlement, Judson envahit sa vie ; il la met au régime, elle perd vingt kilos. Il lui choisit ses vêtements, lui fait prendre des cours de diction, la convainc de se faire arracher plusieurs molaires pour creuser l'ovale de son visage. Le 19 mai 1937, elle l'épouse.

A l'heure des bilans, trente ans plus tard, et dans le style un peu sentimental qu'elle affectionnait lorsqu'elle était en veine de confidences, Rita Hayworth avouera : « C'était le premier homme de ma vie. Avec le recul, je n'arrive toujours pas à savoir pourquoi je l'ai épousé. J'ai découvert un businessman. Alors que ma carrière commençait à s'envoler vers le ciel, ma vie amoureuse, déjà, plongeait vers le gouffre. »

Car leur union est fondée sur un malentendu : parce que Rita est silencieuse, Judson la croit malléable. « Elle exsude la douceur », proclame-t-il à qui veut l'entendre. « On peut en faire ce qu'on veut. » De fait, à l'exception de son frère Vernon, qui connaît sa force intérieure, tout le monde s'étonne de la docilité de Rita, de sa passivité. Aussi Judson, d'accord avec Harry Cohn, peut-il réaliser méthodiquement son plan. Pour la faire paraître encore plus américaine, il lui change son nom, la baptise du patronyme de sa mère, Haworth, en y ajoutant un « y » pour faire plus chic… Il la contraint encore à perdre des kilos puis, des heures durant, face à un grand miroir, lui enseigne comment suggérer le désir par un simple et imperceptible geste – par exemple la main qui passe dans les cheveux, la jambe qui se meut avec une extrême lenteur, entravée par un fourreau noir…

Et Rita le laisse s'attaquer à ses cheveux. Noirs et plantés bas, ils font encore trop *latino*. Leur ligne est alors entièrement redessinée à l'électrolyse : un à un, les bulbes pileux sont définitivement stérilisés. Elle ne laisse échapper aucune plainte. Quand l'opération est terminée, Judson la fait teindre en roux agressif et va la montrer à Harry Cohn.

Le patron de la Columbia est aussi ravi que stupéfait. Rita elle-même est enchantée, elle a tout oublié, la vie cahotique de sa famille, ses déconvenues avec Zanuck. D'autant que Judson lui fait découvrir le luxe et le bonheur de plaire. Dans les jours qui suivent, elle appose sa signature sur un contrat qui la lie pour vingt ans à la Columbia. C'en est fait de Margarita Cansino, elle entre à Hollywood pour le meilleur et pour le pire, elle n'a pas vingt ans et elle est déjà Rita Hayworth.

Mais elle n'est pas mariée depuis deux mois qu'elle commence à comprendre qu'elle a épousé un très étrange personnage : Judson est un mélange étonnant de proxénète et d'Othello. Il l'exhibe avec une fierté non dissimulée devant tous les hommes qui comptent dans les studios de Hollywood, il invente les histoires les plus folles pour assurer sa publicité. Cependant, dès qu'elle accorde un bout de conversation à quelqu'un qui lui plaît vraiment, mais qui ne peut lui être utile en rien, Judson lui fait une scène. Au premier prétexte, retard, fatigue, tentative de rébellion, il se fâche, tempête, chapitre Rita et la ramène comme une gamine prise en faute dans leur petit bungalow de Brentwood, à côté de Hollywood. Au premier début de contestation, il répond invariablement : « Tu n'es qu'une enfant, laisse-moi faire. » Un jour, il fait irruption dans le bureau de l'imprésario de Rita. Il est persuadé que sa femme le trompe avec un jeune acteur rencontré sur un plateau. « Je ne dirais rien si c'était Zanuck ou Tyrone Power, mais vous vous rendez compte, le premier venu... » Un autre jour, il annonce théâtralement au Tout-Hollywood que sa femme va obtenir des avenants mirifiques au contrat de vingt ans qu'elle a passé avec Cohn, le patron de la Columbia. On lui demande si l'affaire est faite : « J'en suis sûr et certain ! » s'exclame Judson. « Rita va passer le week-end avec Cohn ! C'est fabuleux... »

A ce régime, Rita commence à s'ennuyer. Les tempes grisonnantes de Judson et ses airs protecteurs n'ont plus d'effet sur elle ; et elle s'aperçoit qu'elle se retrouve au même point que du temps où elle vivait sous la coupe de son père. A la seule différence qu'elle n'a plus d'issue : comment quitter l'homme pour qui elle a rompu avec les siens ?

Au bout de deux ans de mariage, les premières disputes éclatent. Rita, elle, s'étourdit dans le travail. La chose n'est pas difficile : c'est très exactement ce que lui demande Judson. Il exige argent, succès, rentabilité. Il s'occupe de sa carrière de la même façon qu'il se consacrait naguère à la vente du pétrole ou des automobiles. Il veille sur sa beauté avec un soin jaloux : « Il m'obligeait à me coucher à neuf heures du soir pour que je sois en forme. Il me réveillait aux aurores pour m'obliger à faire de la gymnastique. Nous ne riions jamais, tout était sérieux. »

Première blessure : Rita apprend qu'elle est la troisième Mme Judson. D'autres humiliations suivent : avec son avidité habituelle, son mari réclame à ses parents la part des recettes gagnées par Rita du temps où elle faisait partie des Dancing Cansinos. Les parents de Rita sont outrés, mais s'exécutent. Un jour, la mère de Rita, qui détestait Judson, ira jusqu'à le frapper.

Alors, comme toujours en pareil cas, Rita se réfugie dans sa loge et attend la chance. Elle s'aperçoit qu'Harry Cohn, son producteur, est un personnage des plus louches et qu'il ne l'a engagée qu'en raison d'une transaction sordide qui le liait à Judson depuis quelques années. Les pires anecdotes courent à son propos. On raconte que Cohn a la manie, avant d'engager une jeune actrice, de fourrer son coupe-papier dans sa bouche aux fins d'examiner ses dents, puis qu'il se sert du même instrument pour soulever sa jupe et se faire une idée du fuselage de ses cuisses. Il fait bientôt des avances à Rita. Elle le repousse. Il menace de déchirer le contrat. Elle ne plie pas. Il laisse passer quelques jours, puis revient à la charge. Cela dure des mois. « Il m'a menacée si souvent de me mettre à la porte », expliquera plus tard Rita, « que je n'arrive plus à me souvenir combien de fois ! Il avait installé un système d'écoutes dans ma loge pour m'espionner… Mais je peux dire que si Cohn a été secrètement amoureux d'une personne, cette personne, c'était moi… ».

Le plus ennuyeux de l'affaire demeure que Cohn ignore absolument comment l'utiliser à l'écran. Il est seulement sûr d'un point : elle peut devenir une fabuleuse *money-maker*, une gagneuse ; mais il ne sait pas comment ; et, tout autant que Judson, il est tiraillé entre son insatiable cupidité et sa volonté de dominer celle qu'il appelle « ma Rita ».

Voilà pourquoi, entre deux scénarios plus ou moins stupides qu'il la contraint à tourner, il la libère parfois de son contrat pour qu'elle travaille chez d'autres producteurs : dans l'espoir qu'un metteur en scène plus adroit la transforme en vedette internationale, à l'égale d'une Jean Arthur ou d'une Hedy Lamarr. Ensuite, se dit Cohn, d'accord avec Judson, il sera facile de récupérer le succès.

Ainsi Rita tourne successivement pour la MGM, la Warner, la Fox et, par des chemins détournés, apprend peu à peu son métier de star. Les professionnels de Hollywood voient en elle un être malléable ; en fait, elle leur échappe déjà. A Cohn, à son mari surtout, elle oppose ce silence trompeur qui est le sien chaque fois qu'elle est malheureuse, et qui trouble tous les observateurs. Elle accepte aveuglément leurs diktats, porte sans discuter les vêtements et les bijoux qu'ils lui imposent, se plie à leurs ordres incessants. Son silence est absolu, il peut durer des heures, parfois plusieurs jours. Elle boude, ou elle rêve. Elle se rêve. Elle se voit pareille aux grandes vedettes du temps, dans ce noir et blanc sublime qui fait que leur chair ne paraît pas chair ; que leurs cheveux semblent d'une couleur indicible et d'autant plus divine. Des heures, des jours durant, cuirassée dans le mutisme, Rita s'imagine en femme de pellicule, épurée, transfigurée par l'alchimie étrange des éclairagistes, des maquilleurs, des habilleuses, sanglée dans les fourreaux strassés ou rebrodés qui sont alors en vogue ; ou dans des tailleurs épaulés, ou encore sous des cascades de fourrure, tous les vêtements mythiques de ce début des années quarante, mutins ou sexy, affriolants ou faussement corrects, de la jupe sur socquettes de petite fille à la robe de femme fatale au décolleté vertigineux.

Et c'est dans ce silence, ce tête-à-tête obstiné avec son seul interlocuteur, le miroir, dans cette fausse paix qu'elle puise l'éclat qui émanera d'elle à son entrée sur les plateaux. Ainsi, malgré l'indigence des scénarios, elle fait peu à peu son chemin vers la célébrité, en petite fourmi qu'elle est, appliquée, travailleuse, jamais découragée, persuadée qu'elle peut devenir une grande actrice, quels que soient les films où elle joue.

Son mari ne demande pas mieux et l'entretient dans cette idée. A Hollywood, on commence à s'extasier sur le sourire lumineux de Rita, son élégance, son maintien. Elle possède surtout une manière de bouger qui n'appartient qu'à elle, ce rare surcroît de beauté qu'on appelle la grâce.

Le mot revient d'ailleurs très souvent dans la bouche des professionnels, dès qu'ils prononcent le nom de Rita Hayworth. Pour autant, ils continuent de la cantonner dans des rôles de séductrices de seconde zone, chanteuses de cabaret, victimes d'escrocs ou de malfrats. Rita tient bon, persiste à garder foi en son étoile. Un homme va venir, pense-t-elle, qui va la sauver. C'est lui qu'elle attend, dans le silence de sa loge, penchée sur son vernis à ongles, son poudrier ; ses éternels miroirs.

Elle est prête à faire confiance au premier metteur en scène ou producteur, elle se sent capable de toutes les patiences. Elle n'a pas tort : petit à petit, elle grignote du terrain. Les critiques finissent par la remarquer, mentionnent son nom, puis la complimentent. Comme elle, ils trouvent les scénarios de ses films exécrables, mais ils sont époustouflés de constater qu'à chaque fois Rita tire son épingle du jeu : « Simplicité et naturel », « Excellente performance », « Remarquable numéro », « Photogénie », « Style », telles sont les formules qui reviennent à son sujet au début des années quarante. Le mot *glamour* semble avoir été inventé pour elle ; et bientôt la rumeur se répand de villa en villa sur les hauteurs de Beverly Hills : une nouvelle étoile est née dans le ciel de Hollywood.

Howard Hawks lui offre alors la chance qu'elle attendait avec un second rôle féminin dans un film sur les aviateurs : *Seuls les anges ont des ailes*. A la lecture du scénario, Rita comprend que le film sera un succès. A sa sortie, en effet, le public comme les critiques sont enthousiastes. C'est son treizième film. Sur le plateau, elle a obéi au doigt et à l'œil à Howard Hawks. Le premier, il souligne que cette femme timide en privé, terne et éteinte dans les soirées mondaines, explose littéralement devant la caméra : « L'érotisme était en elle. Je ne crois pas qu'elle en était consciente, mais tout ce que j'avais à faire, c'était de mettre en lumière cet érotisme. » Rita confirmera cette observation, puisqu'elle dira plus tard : « La caméra, mon seul véritable amant. » Cary Grant, son partenaire masculin, est lui aussi bluffé par son professionnalisme, sa patience, sa concentration, et il regrettera toute sa vie de n'avoir pas eu de nouvelle occasion de tourner avec elle.

Judson, comme il fallait s'y attendre, devient encore plus jaloux et, parallèlement, bien entendu, retrouve ses réflexes de proxénète : il réclame à la Columbia une campagne de publicité autour de Rita. Celle-ci lui oppose son habituelle indifférence, avec d'autant plus de facilité que la MGM et Cukor viennent de l'appeler pour tourner une comédie musicale très élégante, *Susan and God*.

Rita goûte pour la première fois aux délices de la vie de star : Mayer, le producteur, vient en personne la saluer dans sa loge, à l'égale des plus grandes vedettes de Hollywood. On confectionne spécialement pour elle des robes particulièrement luxueuses ; plusieurs maquilleurs, habilleurs et coiffeurs sont affectés à sa seule personne.

Le public est enchanté par le film. Des milliers de fans réclament sa photo à la Columbia. Cohn est désormais certain, comme Judson, que Rita est de l'étoffe qui fait les stars. Pour autant, il ne sait toujours pas comment l'utiliser. A bout de ressources, il lui propose un remake d'un film français, *The Lady in Question*, avec un rôle complexe de femme mûre, à la fois troublante et attendrissante. Malgré sa jeunesse, Rita s'y montre étourdissante. Le film est un succès commercial et critique : elle y gagne enfin ses galons de comédienne. Mais Cohn, une fois de plus, est à bout d'idées et accepte de la prêter encore à une autre firme, la Warner, pour *Strawberry Blonde*.

Hollywood, toujours prompt à médire, commence alors à railler Rita, ballottée de producteur en producteur au gré des caprices du sien et des foucades de son mari. On la surnomme la « Femme prêtée ». Elle en souffre d'autant plus que ce nouveau tournage est difficile : sur le plateau, de violentes disputes ne cessent d'opposer Olivia De Havilland et James Cagney. Cependant Rita demeure de marbre et, à son habitude, se concentre sur son travail. Le film est un nouveau succès et, dès lors, sa carrière semble définitivement assurée.

C'est alors qu'intervient, en ce début de l'année 1941, son pire ennemi, Darryl Zanuck, président de la Fox. Il recherche une rousse pour interpréter un personnage assez antipathique dans un film d'atmosphère espagnole, *Arènes sanglantes*. Carole Landis, Maria Montés, toutes les comédiennes en vue ont refusé de se teindre en roux pour jouer ce personnage difficile, malgré les ponts d'or qu'on leur a faits. Sur la liste de Zanuck ne reste qu'un seul nom : le sien. Et il tient tellement à son film qu'il n'a pas d'autre choix que de faire appel à Rita ; comme la Columbia gagne davantage d'argent en la prêtant à d'autres sociétés, Cohn accepte. Rita tient sa revanche sur Zanuck. Une vengeance qu'elle ne doit qu'au hasard : « Depuis deux ans, je me teignais les cheveux en roux sans savoir que c'est cette couleur qui me rendrait célèbre. Quant à Darryl Zanuck, quand je l'ai revu, j'aurais aimé me venger du passé. Mais dans ces circonstances, ce n'aurait plus été qu'un plaisir parfaitement gratuit. »

En fait, Rita a déjà compris tout le profit qu'elle peut tirer du scénario ; elle est décidée à jouer son rôle le plus parfaitement possible. Une fois de plus, elle voit juste : passion, tauromachie, sang et amours contrariées, le film est un immense succès. Le jour de la première, le grand-père de Rita crée un incident qui, sans le moindre calcul, va assurer la publicité du film : en connaisseur, il ponctue toutes les apparitions de sa petite-fille en criant des « Olé ! olé ! »...

L'enthousiasme est unanime ; dans les mois qui suivent, la célébrité de Rita devient planétaire. Elle reçoit des milliers de lettres du monde entier ; lors d'une projection du film au Caire, un jeune prince musulman fait interrompre les vivats, demande le silence et déclare solennellement : « Je veux absolument rencontrer cette magnifique créature. » Il s'appelle Ali Khan. Il attendra sept ans pour réaliser son vœu.

Car Rita est à présent en route pour la gloire. Hollywood ne l'appelle plus la Femme prêtée, mais la Femme-Chance... Déjà plus de trois mille huit cents articles ont paru à son propos et on a reproduit sa photo dans la presse plus de douze mille fois – un chiffre mirobolant pour l'époque. Cependant, la guerre commence à ravager l'Europe et le Pacifique ; l'Amérique s'engage dans le conflit. De nouveaux mots se répandent aux Etats-Unis, comme *pin-up*, du nom de l'image des créatures de rêve que les soldats punaisent sur les murs de leur casemate ou de leur cabine. Grâce à l'efficacité promotionnelle de Judson, Rita est de ces filles qui soutiennent le moral des troupes.

Mais à mesure que se répandent ses images de légende, avec son sourire radieux et sa silhouette à damner un saint, sa vie avec Judson devient cauchemardesque. Son mari a compris que plus il travaille au succès de Rita, plus elle lui échappe. Les photos qu'il la contraint de réaliser ont fait d'elle une déesse vivante ; tel Pygmalion, il va la perdre…

Seule sa rapacité l'empêche encore de tuer la poule aux œufs d'or… « Il y a une anecdote très significative sur cette période de ma vie », commentera plus tard Rita, mi-amusée, mi-amère. « La semaine précédant Pearl Harbour, Judson organisa une séance de photos à notre domicile. Je portais un négligé de dentelle noire et j'étais étendue sur un lit. Notre lit conjugal… C'était la photo qui allait faire le tour du monde dans les paquetages des GI… »

Rita est accablée ; et, à son habitude, elle se réfugie dans le silence et dans ses rêves. Elle voudrait à nouveau danser, mais n'ose pas l'avouer. Cohn le devine et lui propose d'être la vedette d'une comédie musicale aux côtés de Fred Astaire. Elle saute de joie. Une fois encore, son intuition a été parfaite : son premier contact avec la star des claquettes est enthousiasmant. Fred Astaire lui explique un pas, puis ils vont déjeuner ; quand ils reprennent les répétitions, Rita interprète la danse à la perfection. « Je ne sais pas comment elle s'est débrouillée », confie Fred Astaire. « Apparemment, pendant le déjeuner, elle n'a pas dû cesser d'y penser. » Et sa capacité de concentration, une fois de plus, stupéfie l'assistance, du metteur en scène aux opérateurs et aux électriciens. De toute la durée du tournage, son ardeur ne se dément pas : « Danser est mon héritage naturel ! » s'exclame-t-elle. « Fred Astaire m'a remise en jambes ! »

Le 25 septembre 1941, le film *You'll Never Get Rich* est représenté triomphalement devant un parterre de célébrités et de militaires. Resplendissante, Rita accueille les ovations au bras de Judson. Il fait encore bonne figure, il continue d'espérer : son ami Cohn vient d'avoir l'idée de transformer Rita en version médiatique de la marraine des armées. Rita accepte mais, pour ne pas faire de jaloux, elle exige de soutenir équitablement toutes les armes. Flanquée de quatre GI, elle va ainsi visiter les artilleurs, les garde-côtes, les marines, préside des ventes de charité et fait la une de *Time* sous le nom de *California Carmen* (la Carmen de Californie).

Puis la Fox lui propose un nouveau rôle. Son partenaire masculin : l'homme le plus prisé de cet Hollywood des années quarante, Victor Mature. Très bien fait de sa personne, Victor s'attarde souvent auprès de Rita après les tournages. Il lui parle longuement, doucement. Pour lui, Rita consent à briser son éternel silence. Elle se confie.

Il faut dire que c'est la première fois qu'elle rencontre un homme qui ne lui donne pas d'ordres et se montre attentif au plus fugitif de ses états d'âme. « Le tempérament extrêmement doux de Victor m'a fait comprendre très vite le caractère odieux de mes relations avec Judson », expliquera Rita après sa rupture avec son mari. « Victor s'intéressait à moi, il me demandait sans cesse ce que je voulais faire, ce que je voulais connaître, ce que j'aimais et ce que je détestais. Nous parlions ensemble des journées entières, et il finissait toujours par mieux me comprendre, par savoir mieux que moi-même ce que j'étais capable d'accomplir. Victor m'a appris à raisonner, alors qu'avec Judson je ne vivais que d'instinct. »

Donc pour la première fois de sa vie, Rita est amoureuse. En passionnée, elle ne cherche pas à le cacher. Judson explose : pour une fois, il n'a rien pu décider, rien empêcher non plus ; et avec sa femme, c'est aussi sa principale source de revenus qui risque de lui échapper. Il entame alors un chantage au divorce. A sa grande surprise, Rita le prend au mot. Surpris, il enchaîne avec un lamento sur les cadeaux qu'il lui a faits. Rita va froidement chercher le coffret où elle garde ses bijoux et lui jette ses diamants à la figure. Et c'est elle qui demande le divorce.

Les journaux se précipitent sur l'affaire. On s'aperçoit que Judson est d'une rapacité sans bornes : il demande à Rita trente mille dollars d'indemnités pour son travail de promotion… Cette exigence est bien entendue assortie d'un second chantage : Judson a dressé une liste méticuleusement rédigée : les noms de tous les hommes avec qui Rita a eu l'occasion de danser, ou même simplement de bavarder. « De ces hommes dont il énumérait les noms, il parlait comme s'ils avaient été mes amants, il menaçait d'en publier la liste, et de me dénoncer comme une femme adultère. Je fus vaincue, je me soumis. »

Quelques semaines plus tard, la séparation est prononcée par le tribunal. Commentaire de Rita sur ce douloureux épisode : « Si j'avais oublié un seul instant que j'étais un investissement pour Judson, ma première entrevue avec les avocats me le rappela à l'instant même. Judson embarqua tout, sauf les meubles et la voiture. J'étais blessée, mais libre. J'étais décidée, si je me remariais, à tout faire pour que mon mari ne joue pas les nounous. Je voulais être considérée comme une adulte. Je voulais m'amuser. Je voulais être moi-même. »

Peut-être parce que Judson continue de la poursuivre au téléphone et cherche encore, même après le divorce, à diriger sa carrière, Rita se montre très discrète sur sa liaison avec Victor Mature. Elle est à présent consciente qu'elle est devenue un mythe, celui de cette femme à l'érotisme à la fois retenu et incandescent, l'incarnation idéale de la femme américaine, danseuse parfaite, amoureuse de rêve, avec ses épais cheveux ondulés sur ses épaules impeccables. Elle tourne donc une seconde comédie musicale avec Fred Astaire, *You Were Never Lovelier*. Nouveau succès. Mais Rita est désorientée : Victor Mature est appelé sous les drapeaux. Comme toujours, elle se réfugie dans le silence et la solitude et refuse de rencontrer qui que ce soit. Elle ne répond même pas au téléphone.

Un soir, pourtant, une sonnerie se répète, se fait plus insistante. Rita décroche. C'est une voix inconnue, celle d'un homme qui semble à bout de patience. Il affirme qu'il essaie de la joindre depuis plus d'un mois, sans succès. Lorsque enfin il lui donne son nom, Rita n'en croit pas ses oreilles et le fait répéter. Elle a bien entendu : c'est Orson Welles.

Et elle, Rita, qui n'accorde plus de rendez-vous depuis le départ de Victor, accepte de dîner le soir même avec lui. Dès cette première soirée, il lui fait une cour ouverte et spectaculaire. Rita peine à croire à ce qui lui arrive, elle est profondément troublée : « Welles avait secoué l'Amérique entière en 1938 avec son histoire d'invasion de Martiens, à la radio. Puis il avait tourné ce chef-d'œuvre, *Citizen Kane*. Moi, je n'avais tourné aucun film exceptionnel. Nous nous sommes vus presque tous les jours, tous les soirs. Chaque fois que j'étais près de lui, je ressentais cette même excitation que j'avais ressentie le premier jour… »

Ce qu'ignore encore Rita, quand elle s'interroge sur cette étrange attraction, c'est qu'Orson Welles a percé son secret. Le premier et le seul, il a compris que cette star conditionnée dès l'enfance à aguicher les hommes est tourmentée par une soif de tendresse insatiable.

Attiré d'abord par sa célébrité, il est conquis par sa fragilité. Sa contradiction tragique l'enflamme et il ne veut plus la quitter. Elle non plus. Elle croit avoir découvert l'équation parfaite : l'art et l'amour réunis.

Lorsqu'il lui avait téléphoné, Orson avait parlé de la faire tourner dans un de ses films. Il avait dit qu'ils pourraient, à l'écran, « faire de la magie ensemble ». Il avait été jusqu'à lui parler de la complémentarité des sexes : une idée qui avait ravi Rita. Cependant, il n'en est plus question. Orson veut l'épouser, tout bonnement.

Les bruits les plus divers se mettent à courir dans Hollywood ; seule Rita reste silencieuse. Elle redoute que son producteur, qui la considère comme sa propriété personnelle, ne fasse tout pour contrecarrer leur mariage. Aussi, le 7 septembre 1943, sans prendre la peine de se démaquiller, Rita quitte discrètement les plateaux où elle tourne *Cover Girl* et court d'un trait au palais de justice de Santa Monica ; c'est ainsi, dans la plus bureaucratique banalité, entre deux séquences, qu'elle épouse Orson Welles... Le lendemain, les journaux américains titrent sur huit colonnes : *Le mariage de la Belle et du Génie*. Et de cet homme, qui ne lui offre pas le film qu'il lui a promis, qui la réveille en pleine nuit pour lui parler de Shakespeare, qui court les routes pour faire de la politique et veut la convaincre que le roman *Ambre* n'est pas un chef-d'œuvre de la littérature universelle, Rita Hayworth décide qu'elle veut avoir un enfant...

« Pourvu qu'il n'ait pas la beauté de son père, ni l'intelligence de sa mère », soupire Welles tout le temps de la grossesse. L'enfant, une fille, Rebecca, naît le 17 décembre 1944 par césarienne. Le père n'en fait pas très grand cas. Il traverse des difficultés professionnelles importantes et néglige Rita. Elle manifeste alors les premiers symptômes d'un tempérament dépressif : quand elle retrouve son mari, elle fond en larmes et lui impose d'interminables scènes de jalousie. Welles est excédé et commence à la tromper ; et la créature somptueuse qui tourne pendant la journée les séquences les plus rayonnantes, les plus troublantes de *Gilda*, dort chaque soir seule dans son lit…

L'immense succès de *Gilda* n'arrange en rien leur romance. Le triomphe de ce film était pourtant des plus aléatoires : tous les critiques s'accordèrent à dire que son intrigue tenait à peine debout ; et Rita elle-même, au moment du tournage, avait l'impression de se retrouver au cœur d'un de ces navets un peu décousus comme elle en avait joué des dizaines au début de sa carrière. Une scène l'avait particulièrement éprouvée : celle où elle devait frapper Glenn Ford : on l'avait tellement encouragée à frapper fort qu'elle avait cassé deux dents à son partenaire…

Mais le film n'est pas projeté que la folie *Gilda* secoue l'Amérique, puis le monde entier. Grâce à Rita, une alchimie étrange se met à travailler les imaginations : tous les hommes rêvent d'elle et toutes les femmes veulent lui ressembler. On ne pense plus Rita, mais Gilda.

Alchimie d'autant plus troublante qu'elle tient à de minuscules petits riens – ces détails infimes que Rita, dans la solitude de sa loge, travaillait depuis des années. Ainsi ce strip-tease symbolique, plus aguichant que le plus audacieux effeuillage, où Rita retrousse lentement un interminable gant de chevreau noir. Ou bien le moment où elle déclare à son partenaire de ses lèvres gourmandes : « La haine est un sentiment très excitant, n'est-ce pas ? Je crois que je vais en mourir... » Le désir était rarement apparu à l'écran avec une évidence aussi criante.

Rita est alors à son zénith. Les femmes connaissent par cœur ses mensurations, copient sa démarche distinguée, ses intonations, son rouge à lèvres. Elle fait la couverture de *Life*, avec ce titre : *La Déesse américaine de l'amour*. Les revues pour midinettes sont remplies de ses photos, mais les intellectuels lui consacrent aussi des articles savants où ils expliquent que Rita est l'Aphrodite des modernes mégalopoles, dont les temples sont les cinémas et les grands prêtres les producteurs de Hollywood. Le délire verbal n'a plus de limites, on assure qu'elle est devenue l'image idéale de la féminité parce qu'elle mélange à la perfection la santé américaine, la dignité latine et l'exotisme félin... Certains vont jusqu'à prétendre que le secret de son charme serait sa ressemblance avec l'idéal primitif de la femelle passive...

Quoi qu'il en soit, l'image de Rita est partout. On la colle sur la bombe atomique lancée à Bikini. Une expédition au Canada au fond d'une vallée perdue découvre une cabane de trappeurs abandonnée ; on y retrouve une bougie, une boîte de petits pois et une photo de Rita Hayworth...

La vraie Rita, elle, est malheureuse. Elle déteste ce personnage de Gilda qu'on ne cesse de lui rappeler. Quant à Welles, il a commencé le tournage du *Tour du monde en quatre-vingts jours*, mais il a refusé qu'elle y joue le moindre rôle. Elle continue de rêver l'impossible : se montrer à l'écran telle qu'elle est, passionnée et tendre, sans perdre une seule parcelle de son aura de star. Mais Orson, sur lequel elle avait tout misé, est de plus en plus absent. Elle pense à divorcer ; elle entame même un début de procédure.

C'est alors que Welles, dans un de ces coups de théâtre dont il est familier, décide de tenir la promesse qu'il avait faite le jour de leur rencontre : mettre en scène un film, lui offrir le premier rôle féminin et lui donner la réplique. Il a déjà le titre et le scénario : ce sera *La Dame de Shanghai*.

Rita arrête aussitôt la procédure de divorce. Elle est persuadée qu'elle va réaliser son rêve : marier, face à une caméra, la fiction amoureuse et la passion authentique. Autrement dit l'inconciliable...

« Chaque fois qu'un homme compta dans ma vie », dit souvent en soupirant Rita Hayworth, « il s'attaqua à mes cheveux... ». A la fin de l'année 1947, les journalistes américains reçurent d'Orson Welles une très curieuse invitation : l'auteur de *Citizen Kane* les conviait à venir assister à la métamorphose qu'il avait décidé d'infliger à son épouse et star, avant de commencer le tournage de *La Dame de Shanghai*.

De New York à Los Angeles, on se perdit en conjectures sur les nouvelles extravagances que concoctait le génial Orson. Au jour dit, devant la foule des journalistes éperdus de curiosité, il demande à Rita de s'asseoir dans un fauteuil de coiffeur, s'empare d'une paire de ciseaux, et coupe une à une les superbes boucles rousses qui avaient fait sa gloire ; puis il les brandit triomphalement sous les flashes des photographes ; enfin il fait venir une coiffeuse qui teint en blond les quelques pauvres mèches qui restent encore sur le crâne de sa femme…

Ce scénario ressemblait fort à une exécution publique. Du fond de son bureau de la Columbia, Harry Cohn ne décolérait plus. Il prédit le pire : « Tout le monde sait que ce que Rita a de plus beau, ce sont ses cheveux ! Elle va détruire sa carrière… »

Une fois de plus, Rita se réfugia dans le silence. Elle était à nouveau heureuse, puisqu'elle se retrouvait au cœur des préoccupations d'Orson. Plus de jalousie, plus de crises de larmes ; elle attend tout du film qu'il a conçu pour elle.

Pas un instant elle ne doute d'Orson ; pas une seconde elle ne cherche à savoir ce qu'il trame. Elle lui fait confiance aveuglément ; sur le plateau, elle endure tout, ses ordres et ses contrordres, ses caprices, ses sautes d'humeur. Même lorsqu'elle est malade et fiévreuse ; elle tourne et, dans les pires circonstances, rien d'autre n'apparaît à l'écran que sa rayonnante présence. A la fin du tournage, épuisés mais ravis, Orson et elle vont se reposer à l'écart de Hollywood et passent Noël en tête à tête.

Pour les fêtes, Orson est pris de générosités étranges : il se ruine pour sa femme en lingeries fines, en déshabillés de soie, en parfums rarissimes… Rita est aux anges et attend la sortie du film dans un état d'exaltation inouï. Dès la première projection, elle déchante : la critique ne comprend rien à ce film noir et génial ; et, ce qui est plus grave, le public crie au scandale devant la nouvelle image de Rita. On incrimine évidemment sa nouvelle coiffure, mais ce n'est qu'un prétexte. La réalité est tout autre : Orson a transformé sa femme en esprit féminin du mal ; il a fait d'elle une tueuse machiavélique, une sorte de vampire femelle, une criminelle avide et cupide – une sombre image que le public refuse avec violence.

Et surtout, avec sa coiffure courte et blonde, Rita ne correspond plus à l'idole charnelle qui avait peuplé les rêves des GI. Le producteur s'en est aperçu à la première séquence : « Regardez ce qu'a fait ce fou ! » s'est-il exclamé. Et le public lui donne raison : il crie au scandale, il couvre Rita d'injures. Jamais depuis Samson et Dalila, on n'avait fait autant d'histoires autour d'une chevelure. Un jour, par exemple, la star reçoit une lettre d'un pasteur canadien : sous prétexte que les textes bibliques interdisent aux femmes de se couper les cheveux, le prêtre la traite de sorcière et la menace des pires tourments de l'enfer. En post-scriptum, il lui demande de lui envoyer une des boucles rousses qu'elle a si imprudemment coupées...

En fait, Orson Welles a tenu la promesse qu'il avait faite à sa femme : la débarrasser de son étiquette de déesse de l'amour. Mais le geste était des plus pervers et son résultat, c'est qu'à présent l'étoile s'étiole : dans l'imagination du public, tout se passe comme si, en touchant à ses cheveux, Rita avait détruit la magie qui la hissait au rang de star. Orson commente l'événement avec un mélange de satisfaction et de masochisme : « Le public regarde Rita avec le même mépris que si elle s'était vautrée dans la fange... » Elle comprend alors, mais trop tard, qu'à travers ce film Orson Welles a réglé ses comptes avec elle. A sa manière habituelle : spectaculaire, diabolique et géniale. Elle saisit enfin que *La Dame de Shanghai*, mante religieuse, dévoreuse d'âmes, tueuse infernale qui meurt au milieu des glaces fracassées d'un parc d'attractions cauchemardesque, c'est elle. Elle, telle que la voit Orson depuis qu'ils ne s'entendent plus. Car cela fait longtemps qu'il a remarqué son obsession des miroirs ; et il a prévu que cette hantise fera sa perte ; à travers son personnage, il a aussi incarné l'idée visionnaire qu'il se fait de la femme américaine depuis qu'il vit avec une star.

Mais Rita est intelligente, et cette prise de conscience la jette dans le désespoir. Désespoir d'être abandonnée par le public, désespoir aussi de n'être jamais comprise. Elle confie un jour : « Il n'y a rien de tel que le cinéma pour donner d'un être une image déformée. » Dans ce mélange inextricable de crises personnelles et professionnelles, sa vie conjugale avec Orson redevient un enfer. Le film est un échec, son image est détruite, son mari se désintéresse d'elle. Du coup, tous les vieux griefs resurgissent. D'un bout à l'autre de la journée, quand elle ne se dispute pas avec lui, Rita ressasse tout ce qui les sépare. Orson la trompe de plus en plus ouvertement. Chaque fois qu'il rentre, elle lui fait des scènes effroyables, bien que secrétaires et domestiques essaient par tous les moyens de lui cacher les frasques de son mari. Ce n'est pas toujours possible. Dans leur entourage se sont infiltrés les inévitables « amis de la famille » qui se font un plaisir de révéler à Rita, par « pure solidarité », les égarements d'Orson.

Ils deviennent le couple maudit de Hollywood. La jalousie de Rita est si féroce que son mari devient un jour la proie d'un maître chanteur qui lui réclame dix mille dollars contre la promesse de ne pas révéler à sa femme une histoire de viol sur les routes de Beverly Hills. L'affaire a été inventée de toutes pièces mais Orson s'exécute, tout en sachant qu'il suffit qu'il soit absent une demi-heure pour que l'imagination de Rita bâtisse des scénarios d'adultère encore plus ahurissants que ceux des maîtres chanteurs les plus inventifs... A longueur de temps, Rita lui assène les mêmes reproches : son hostilité à l'égard de ses parents, surtout de son père, Eduardo, à qui Orson a interdit l'accès de sa maison ; quant à Volga, elle vient de mourir d'une péritonite et il n'a pas daigné assister aux obsèques. Mais Rita incrimine aussi son indifférence à l'égard de leur fille, Rebecca, ou la maison splendide qu'il a fait bâtir à Big Sur et qu'ils n'ont jamais habitée, ou encore sa passion pour la politique – ses campagnes électorales entraînent Orson dans des équipées interminables sur les routes des Etats-Unis.

Et son rythme de travail est effrayant : il peut rester sur la brèche vingt-quatre heures d'affilée ; il se plaît parfois à parader devant Rita en dictant trois textes simultanément... « Je suis mariée », se lamente-t-elle, « et je n'ai pas de mari... ». Elle ne saisit pas une seconde qu'à travers ses conquêtes féminines et ses démonstrations spectaculaires de toutes sortes, Orson cherche à combler une frustration secrète, ancienne, dont il a sans doute à peine conscience. Devant cette avalanche de reproches, son mari, en réplique, prend un malin plaisir à la torturer : il la traite de « petite-bourgeoise obsédée par une idée mesquine du bonheur », ou prétend qu'elle n'a rien compris à son génie. Avec son emphase habituelle, il pose au *maverick*, du nom dont les cow-boys désignent les animaux errants qu'il est impossible d'intégrer à un troupeau. Puis il raille son inculture, sa jalousie incurable, les coiffeuses et maquilleuses dont elle s'entoure pour oublier qu'elle est seule et qui passent leur temps, dit-il, à la monter contre lui...

Mais il hésite à rompre. Il pense à s'engager dans la course aux présidentielles et juge qu'un divorce lui serait nuisible. Plus profondément, il connaît la blessure cachée de Rita et redoute de la voir s'enfoncer dans une dépression qui lui serait fatale. « Au début de notre mariage, je ne lui donnais aucune raison d'être jalouse », expliquera plus tard Orson Welles. « Je prenais ses crises pour des coups de sang de gitane. Je m'imaginais que c'était son côté manouche qui ressortait, je pensais que ça se calmerait. Je me suis vu très vite condamné pour le restant de mes jours à retrouver une femme en pleurs chaque fois que je rentrerais à la maison. Je me sentais affreusement coupable, d'autant que je l'adorais. C'était déchirant. »

Le comble, c'est qu'à chacune de leurs réconciliations, Rita affirme, à nouveau au sommet de l'exaltation : « Il n'y a qu'avec toi que j'aie été vraiment heureuse. » Commentaire de Welles, avec le recul des années : « Si le bonheur, c'était ça, imaginez ce qu'elle avait dû endurer avant ! » Et la secrétaire de Rita ajoute : « Rita était une petite fille, c'était pour cela qu'il fallait qu'elle accapare constamment l'attention. Elle n'avait jamais dépassé le stade de la gamine timide qu'on force à subjuguer les hommes. Elle n'avait jamais grandi. Elle ne pouvait croire à l'amour d'un homme que s'il était dans son lit. »

Mais c'est précisément cette fragilité qui, après avoir envoûté Welles, la lui rend à présent détestable. Pour autant, il se complaît dans ses cyclones conjugaux. Ce n'est pas le cas de Rita. Comme avec Judson, elle décide de reprendre la procédure de divorce. Orson est pris de court : « Je savais qu'elle finirait par rompre mais je ne m'attendais pas à ce qu'elle s'en aille si vite. J'ai fait tout ce qui était en mon pouvoir. Il faut croire que je ne lui apportais que des tourments. »

Contrairement à ce qui s'était passé pour le premier divorce de Rita, Orson ne fait aucune difficulté. Seuls quelques commentaires aigre-doux fusent de la bouche de la star : « Il est difficile de vivre vingt-quatre heures sur vingt-quatre en compagnie d'un génie. Je me remarierai. Mais je ne sais pas du tout avec qui. Je veux que ce soit une surprise. » Orson rétorque : « Rita Hayworth n'est qu'une image de papier glacé. » Et il ajoute, en guise d'avertissement à un éventuel candidat au remariage : « En fait, c'est une petite-bourgeoise. » Leur fille, Rebecca, est confiée à Rita qui essaie, comme toujours lorsqu'elle se sent seule, de se noyer dans le travail. Puis elle renoue avec sa famille. Sa mère est morte, ses frères sont chauffeurs de taxi ; l'un d'entre eux essaie de monter une boutique de hot dogs, et son père continue de diriger son école de danse. Elle fonde sa propre société de production, la Beckworth – dont le nom est formé sur le diminutif du prénom de sa fille, Becky, et la fin de son propre nom –, puis elle entreprend de tourner un nouveau film avec ses frères et son père : *Les Amours de Carmen*. C'est elle qui a décidé du sujet du film et elle en a confié la chorégraphie à Eduardo, avec qui elle projette de danser comme à ses débuts, à cette différence que cette fois c'est elle qui sera l'employeur de son père… Elle se rapproche un moment de Victor Mature, trop heureux de la consoler de son échec avec Welles. Puis Rita retombe sous la coupe de Cohn, qui l'envoie en Europe pour la promotion de *La Dame de Shanghai*.

Durant la traversée, Rita paraît particulièrement triste et étrange. Son angoisse secrète commence à se faire jour. Elle n'a que trente ans, mais elle se considère comme une femme finie. Elle est très préoccupée par les critiques qui ne vont pas manquer de s'abattre sur elle – au moment de la sortie en Europe de *La Dame de Shanghai*, pense-t-elle, – elle a pourtant retrouvé sa précédente coiffure. Sans la présence d'un homme à ses côtés, elle se sent désarmée et sa secrétaire remarque qu'elle a une peur croissante des regards qui se posent sur elle. Rita lui confie un soir des paroles qu'on croirait sorties de la bouche d'une très vieille femme : « Rien ne s'est jamais passé comme je l'aurais voulu, jamais. Aucun des drames qui ont jalonné ma vie ne serait arrivé si j'avais eu de bonnes critiques quand j'ai commencé dans le cinéma. La seule chose que je désire, tu vois, comme n'importe qui d'autre, c'est d'être aimée. »

A Londres, les Anglais, qui détestent les actrices américaines, lui réservent un accueil glacé. A Paris, en revanche, elle est reçue en reine. A son arrivée à la gare du Nord, c'est l'émeute. On hurle sur son passage : « Gilda ! Gilda ! » Certains fans sont prêts à se jeter sous les roues de sa voiture dans l'espoir d'effleurer sa chevelure à nouveau rousse et longue, pour pouvoir respirer le lourd sillage de son parfum… Mais elle est si épuisée qu'elle tombe malade. On lui conseille d'aller se reposer sur la Côte d'Azur, au cap d'Antibes.

En vain : sur la Côte d'Azur, personne ne la laisse en paix. Admirateurs et visiteurs de marque se pressent à la porte de son hôtel ; des armateurs grecs, des milliardaires américains font déposer dans sa suite des gerbes de fleurs. Le shah d'Iran lui demande un rendez-vous. Malgré sa fatigue, Rita accepte, mais refuse tout autre rencontre.

La veille de son entrevue avec le shah, la grande commère de Hollywood, Elsa Maxwell, accourue elle aussi sur la Riviera, organise un dîner à Cannes, le soir de l'ouverture du Palm Beach. Mrs Maxwell est un personnage curieux : c'est une grosse femme mal fagotée, très laide, au regard impitoyable. Elle passe son temps à monter des soirées pour divertir les gens riches et en profite pour les observer. Elle rédige ensuite des articles cruels qu'elle vend dans le monde entier. Ses amis de la haute société lui pardonnent de bonne grâce ses indiscrétions et la dureté de sa plume : plutôt que d'être ignoré, on préfère être brocardé dans ses acerbes chroniques. Rita commence à être lasse des mondanités, mais Elsa Maxwell lui demande instamment de venir à la soirée qu'elle donne. Le pouvoir d'Elsa Maxwell dans le monde du cinéma est immense ; la star ne peut refuser. Mais ce qu'ignore Rita, c'est qu'Elsa est à la solde d'un mystérieux soupirant. C'est lui qui a supplié la commère de Hollywood de lui faire rencontrer son idole ; et lui qui a aussi proposé de lui payer en sous-main les frais de la réception.

Selon ses instructions, le soir du dîner, Elsa Maxwell change le plan de table au dernier moment. En dépit du protocole, et comme s'il s'agissait d'une extravagance de dernière minute, elle place Rita aux côtés de l'organisateur de cette folle soirée. Rita porte une robe blanche très simple, pas du tout à la mode, elle n'est pas chic pour un sou, mais splendide de simplicité et de naturel. Elle n'est pas assise que son voisin commence à lui faire la cour. Elle le reconnaît aussitôt : c'est l'un des plus célèbres play-boys d'Europe, on l'appelle aussi l'homme le plus riche du monde, il s'appelle Ali, c'est le fils de l'Aga Khan.

A l'instant, Rita croit avoir trouvé ce qui lui manquait, le seul remède à la dépression qui la guette : être à nouveau recherchée, adorée, adulée. Elle rayonne. Ali Khan l'invite à danser une rumba, puis une autre. Ils ne se quittent pas de la soirée. Pourtant tout les sépare : il est musulman, elle est catholique. Elle est timide, il n'aime que la vie mondaine. Elle est fidèle, c'est un Don Juan notoire. Il adore la vie en plein air, les courses, les chevaux, elle adore la solitude à deux au fond de sa maison… Il y a quand même un point commun entre eux : l'adoration qu'on leur voue. Ali Khan est le fils de l'Aga Khan : à la mort de son père, pour les millions de fidèles de la secte ismaélienne, il deviendra une sorte de dieu vivant. Quant à Rita, depuis qu'elle a retrouvé ses cheveux longs, elle demeure pour beaucoup d'hommes une légendaire déesse de l'écran et continue de hanter leurs rêves…

Lorsqu'elle voit que son intrigue a atteint son but, Elsa Maxwell s'éclipse : elle tient le scoop de l'année. Le lendemain matin, Rita annule son rendez-vous avec le shah d'Iran. Comme dans les romans-photos, son appartement croule déjà sous les fleurs. Ali Khan l'invite d'abord à prendre une tasse de thé dans sa villa bâtie face à la Méditerranée ; elle est pleine de tableaux de maîtres, des Renoir, des Picasso, des Utrillo. Il lui fait visiter sa propriété, lui montre sa piscine, immense, comme on n'en fait plus, son parc planté d'essences rares. Rita est éblouie. Ali Khan doit faire un voyage à Londres. A son retour, pour annoncer qu'il est rentré, son avion survole en rase-mottes l'hôtel de Rita…

De rencontre en rencontre, le prince parvient à l'émouvoir. Ce n'est pas qu'il soit beau, il commence à grossir, à perdre ses cheveux, mais il a du charme. Bien peu de femmes ont résisté à ses airs crânes et à ses manières exquises. Il semble solitaire, malgré sa solide réputation de coureur de jupons, et paraît sincère. En privé, ce play-boy international se révèle timide, modeste ; et incompris, lui aussi. Tous deux prennent plaisir à s'exhiber dans les lieux huppés, à danser surtout, car ils adorent les rumbas, les sambas qui sont alors furieusement à la mode. Un jour, dans un élan de tendresse passionnée, Rita enveloppe publiquement son cavalier dans les pans de son ample jupe rose…

Mais Ali est toujours marié. Il a épousé quelques années plus tôt une Anglaise, Joan Guinness, héritière des bières du même nom. Il a eu d'elle deux fils, mais ne jure plus que par Rita. Alors qu'Elsa Maxwell pensait que leur romance ne durerait qu'un été, Ali Khan suit Rita en Espagne où elle doit tourner *Les Amours de Carmen*. La presse les poursuit. Ils assistent ensemble à une corrida à Tolède. Les spectateurs scandent une heure durant « Gilda ! Gilda ! » et en oublient dans l'arène le matador et son taureau. Puis ses producteurs réclament Rita à Hollywood. Le prince la suit presque aussitôt. En novembre 1948, le divorce de Rita d'avec Orson Welles est prononcé. Le prince demeure marié, et les amours de ce potentat musulman cousu d'or avec celle que l'on considère toujours comme la femme la plus belle du monde défraient la chronique. Leur vie se transforme en course-poursuite ; le profond sentiment d'insécurité de Rita refait surface. Par exemple, un jour où Ali reste une heure et demie chez sa manucure, il est accueilli à son retour par une femme éperdue d'angoisse et de jalousie. Comme du temps d'Orson, elle ne peut supporter d'être abandonnée plus d'une heure…

Ali Khan choisit d'ignorer ce comportement inquiétant. Cohn, le producteur de Rita, s'alarme tout de même ; il prétend que si cette idylle se prolonge, elle va créer un scandale en Amérique et briser définitivement la carrière de la star. Aussi la somme-t-il de reprendre au plus tôt son métier et demande-t-il à la scénariste de *Gilda* de la persuader de retrouver le chemin des studios. Peine perdue : Rita lui déclare qu'elle est le jouet de la fatalité et qu'elle n'en peut plus de vivre une existence de femme de simple pellicule, aimée pour ce qu'elle paraît et non pour ce qu'elle est…

Plus tard, dans un moment de tristesse et de lucidité, Rita comparera Orson et Ali Khan : le premier, dira-t-elle, est tombé amoureux d'elle en voyant sa photo dans une revue, le second en la voyant au cinéma. De ses malheurs, elle accusera la scénariste de *Gilda* : « Si je n'avais pas tourné ce film, j'aurais trouvé et la paix et le bonheur. Tous les hommes veulent coucher avec Gilda et se réveillent avec moi. »

Mais, sur le moment, Rita n'aurait pour rien au monde renoncé à son prince. Elle annonce donc à son producteur qu'elle va le suivre et qu'elle cesse de travailler. Fin 1948, elle met son projet à exécution, quitte Hollywood pour l'Irlande et rejoint Ali. Ils gagnent ensemble l'Angleterre, la Suisse et enfin la Côte d'Azur. Partout où ils passent, la presse les poursuit. A Londres, ils rentrent au Ritz par des portes différentes et quittent l'hôtel par l'escalier de secours. Rita ne peut sortir de sa chambre sans avoir une meute de paparazzi à ses trousses.

Comme l'avait prévu son producteur, les clubs féministes américains entament une campagne contre elle, sous prétexte qu'elle est une créature qui dégrade l'image de la femme par ses amours avec un musulman polygame, par surcroît « homme de couleur », comme ils disent. Ils accusent aussi Rita d'être une mauvaise mère. On la calomnie ; on prétend qu'elle délaisse Rebecca et qu'elle a inventé cette idylle à des fins sordidement publicitaires, pour redonner du tonus à sa gloire déclinante. Les féministes décident enfin de boycotter tous ses films. Rita proteste de ses sentiments : « Je n'ai pas un caillou sous le sein gauche ! » Mais, du Caire où il séjourne, le père d'Ali, l'Aga Khan, s'inquiète à son tour. Il est persuadé que son fils est tombé sous la coupe d'une femme fatale. Il tient à contrôler ses égarements extraconjugaux et il en a le pouvoir : les finances d'Ali sont entre ses mains.

Comme la presse n'arrête pas de suivre ses déplacements les plus insignifiants, Rita vit cloîtrée dans sa chambre d'hôtel. C'est à cette époque qu'elle commence à chercher un soutien dans l'alcool. Le prince tente de la raisonner, en pure perte, semble-t-il. Il paraît pourtant sincèrement épris d'elle. Il adore sa fille, avec qui il passe parfois des heures entières. Il s'alarme donc des humeurs changeantes de Rita, cherche à les calmer par des cadeaux somptueux – ce qui inquiète encore plus l'Aga Khan. Lequel, pour tenter de limiter les dépenses de son fils, entreprend de rencontrer la créature qui a pris sur lui tant d'empire.

A l'issue de leur entretien, l'Aga Khan se retrouve lui-même subjugué : « Rita est si charmante, si modeste, si douce… Je ne connais aucune femme qui soit aussi posée, aussi féminine. » Dès lors, le divorce de son fils est mené tambour battant. Le 18 janvier 1949, le prince Ali affirme qu'il veut épouser Rita. Son divorce d'avec Joan Guinness est prononcé en avril. « Le mariage est le seul bonheur d'une femme », déclare Rita. Pour la première fois dans l'histoire du cinéma, une star va devenir une authentique princesse.

Sitôt que le mot de mariage est prononcé, les revues de Hollywood changent de ton au sujet de leur belle infidèle. Elles ne l'appellent plus que « Princesse Rita ». Elles détaillent le trousseau qu'elle vient d'acheter chez Jacques Fath et racontent qu'elle connaît un bonheur ineffable.

Les midinettes du monde entier sont fascinées par cette romance sans précédent ; les épousailles de Rita soulèvent plus de passion en Amérique que les noces du duc de Windsor une dizaine d'années plus tôt. La presse prend d'assaut la villa de l'Aga Khan ; elle a été remise à neuf pour les noces ; les rumeurs les plus fantaisistes se mettent à courir : on multiplie par dix le nombre de carats de la bague de fiançailles, on prétend que le prince fera nager dans sa fabuleuse piscine cinquante tortues portant chacune une bougie sur sa carapace…

Pourtant le prince a déclaré qu'il veut une cérémonie toute simple en la seule compagnie de ses amis et de ceux de Rita. En fait de simplicité, le 27 mai 1949, quand la presse titre sur cinq colonnes à la une sur « Le mariage de la plus belle femme du monde avec l'homme le plus riche du monde », les noces se déroulent dans un faste presque aussi spectaculaire que le jubilé de diamant de l'Aga Khan quelques années plus tôt : plus de trois cents invités, six cents bouteilles de champagne, quarante homards, du caviar par seaux, un gâteau de cinquante-cinq kilos… Quant à la mariée, elle reçoit une Alfa Romeo, quatre chevaux de course et seize kilos de pierres précieuses… La veille, Ali Khan a donné un dîner qui a bluffé les convives les plus blasés : chaque plat portait le nom d'un film de Rita, du consommé *Cover Girl* à la glace *Gilda*, et jusqu'aux fraises *Strawberry Blonde*…

Le jour des noces, au fond de la Cadillac blanche qui la mène à la mairie, sous sa capeline et dans sa robe bleu glacier de Jacques Fath, Rita semble toutefois bien pensive. Il est vrai qu'un an auparavant, le scénariste le plus imaginatif d'Hollywood n'aurait pu penser un seul instant que sa vie allait connaître un rebondissement aussi romanesque. Tandis que la presse titre sur la « Cendrillon la plus romantique des temps modernes », Rita promène sur la fastueuse cérémonie un regard déroutant. Est-ce un regain de timidité ? Ou de la peur devant la famille de son mari – tous ces nababs orientaux dont elle ne comprend pas la langue, et leur multitude de bégums enveloppées dans leurs saris chamarrés ? La fatigue de la préparation des noces ? Ou est-elle attristée par l'absence de son père au mariage ?

Est-ce enfin le curieux incident qui s'est produit la veille : au moment où l'on répétait la cérémonie, Rita a brusquement aperçu le cadavre d'un homme accroché dans les rochers, quelques mètres en contrebas. Elle a poussé un cri, quelqu'un derrière elle a parlé de mauvais présage ; elle a fondu en larmes et refusé de reprendre la répétition.

Enfin, devant l'ampleur étrange de sa robe, certains murmurent que Rita est enceinte. Ce qui est parfaitement exact. Mais il y a une dernière raison à son air mélancolique, qu'on connaîtra beaucoup plus tard : quelques semaines avant son mariage, Rita a appris qu'Orson Welles était en Italie, à la poursuite d'une jeune actrice dont il s'était entiché. Par télégramme, Rita lui a demandé de venir la voir d'urgence. A cette époque, Orson prenait les projets matrimoniaux de Rita pour une simple idylle dont les journaux aiment à remplir leurs pages. Il soupçonne donc un moment de grave désarroi et accourt. Alors que tous les avions sont complets, il embarque dans un avion-cargo, prend un train à la volée et voyage debout jusqu'à Antibes. Rita l'attend à son hôtel. « Il y avait des bougies, du champagne », raconte Orson Welles. « La porte se ferme et Rita dit : "Je suis là." Elle ne m'a pas dit qu'elle était sur le point de se marier. Elle m'a dit : "Epouse-moi." » Le lendemain matin, persuadé qu'il ne pourra jamais rendre Rita heureuse, Orson repart tristement en Italie. Il sait déjà que la dislocation de leur couple maudit a sonné la fin de la royauté cinématographique de son ex-épouse. Quand il apprend qu'elle a décidé pour de bon d'épouser Ali Khan, il comprend qu'elle se cherche un avenir de princesse pour fuir celui de star déchue.

Le jour de son mariage avec le prince, il lui fait néanmoins parvenir un petit chiot, en signe d'amitié… Et le faste de ce matin de mai parvient encore à laisser à Rita l'illusion du bonheur. On a donné congé aux enfants des écoles, Ali a distribué de l'argent aux pauvres de la commune, tout le monde l'acclame en princesse. Son mari vient de semer sous ses pas trente mille roses, l'a couverte de bijoux, et quand on demande à Rita ce qu'elle éprouve, elle ne parvient qu'à balbutier : « J'ai du mal à penser. Je vis un rêve. Je dois faire un énorme effort pour répondre aux questions… »

Lorsqu'elle prononce le *oui* rituel, Ali, comme au cinéma, l'embrasse sur la bouche en public, geste audacieux pour l'époque. A leur retour de la mairie, Rita découvre que la piscine a été parfumée de mille litres d'eau de Cologne… Un immense bouquet y dérive, aux initiales des mariés, A et M (pour Margarita)… « Je suis enfin pleinement heureuse », déclare Rita. « Ali est le plus merveilleux des hommes. » A la fin de la soirée, à bout de forces, elle manque de s'évanouir. « Trop de caviar, trop de caviar », murmure tendrement derrière elle le vieil Aga Khan…

Le lendemain, ce sont les merveilles exotiques des noces musulmanes. Rita devient solennellement *Rehmat Khamum*, ce qui signifie, lui explique-t-on, « Grâce de Dieu sur terre ». Puis Ali Khan l'emmène en Afrique visiter ses fidèles. Le faste continue : palaces, safaris, champagne, réceptions. Retour en Europe : à nouveau grands hôtels, plages à la mode, champs de courses. Lorsqu'ils rentrent enfin chez eux, Rita doit se tenir sur le qui-vive : Ali adore recevoir. Il lui ramène régulièrement une vingtaine, voire une trentaine d'invités, des artistes, des célébrités cosmopolites, des hommes politiques. Tout ce beau monde intimide Rita. Sa grossesse s'avance ; elle se plaint : « Je suis une fille simple qui n'aspire qu'à une vie simple… » Elle découvre alors que son mari vit bien au-dessus de ses moyens et qu'il est entièrement dépendant de son père. Ainsi l'argent et les pierres précieuses offertes pour son mariage constituent une sorte de dotation sur laquelle il devra vivre sa vie entière. Or il en a déjà dépensé une bonne partie… Et surtout, comme Orson Welles, Ali Khan ne supporte pas de rester constamment aux côtés de Rita. Il aime les chevaux, les chiens, il aime aussi les femmes. Vers la fin de la grossesse de Rita, toutefois, il recommence à la couver. Elle accouche dans le plus grand secret, dans une clinique de Lausanne, et donne naissance à une petite fille, Yasmina. Devant les photos du couple penché sur le bébé, toutes les rumeurs qui commençaient à courir se taisent d'un seul coup : depuis des mois, on n'a pas vu la jeune femme aussi rayonnante. Le père est heureux, le bébé magnifique. « La vie fabuleuse de la Princesse Rita », titrent à nouveau les revues pour midinettes. D'un bout à l'autre des Etats-Unis, la magie de Rita recommence brusquement à jouer : princesse et star ensemble, elle semble encore plus envoûtante qu'auparavant. Alors, pourquoi cette splendide maman ne reviendrait-elle pas à Hollywood pour offrir aux foules de nouveaux rêves ?

« J'aimais Ali Khan. Le monde était magique avec lui », répétait Rita chaque fois qu'elle se souvenait des quelques années qu'elle avait passées aux côtés du prince. « Je l'aimais, et pourtant j'ai échoué. » A peine mariée avec lui, elle découvre en effet toutes les contraintes de la vie de princesse. Réceptions interminables, obligations mondaines, cérémonies officielles au milieu de foules de potentats orientaux, conventions religieuses d'une secte qui, derrière son exotisme, dissimule des subtilités et des ruses qui lui échappent totalement.

La naissance de Yasmina, quelques courtes semaines, lui ramène toutefois un semblant de bonheur. Ali est fou du bébé : cela fait deux cents ans qu'il n'y a pas eu une seule fille dans la lignée de l'Aga Khan. Mais Yasmina n'a pas trois mois que Rita est dégrisée. « A cette époque », confia-t-elle, « Ali se montrait encore plus prévenant pour le bébé que pour moi. Il était toujours un mari idéal. Quand nous sortions, les photographes nous attendaient pour immortaliser ce couple vers lequel le monde entier avait les yeux tournés. Nous symbolisions le bonheur d'une famille et nous étions le plus beau couple du monde. Malheureusement, le conte a eu une fin ».

Car Rita doit rapidement se rendre à l'évidence : la naissance de Yasmina n'a rien changé dans le comportement du prince. Les mondanités reprennent, la cour de parasites dont s'entoure Ali Khan investit à nouveau leur villa de Vallauris et leur hôtel particulier de Neuilly. Les amis d'Ali considèrent Rita comme une Américaine bornée et n'ont de cesse que de la perdre dans l'esprit d'Ali Khan. Pour comble, le prince continue à accumuler les dettes. Elsa Maxwell, en visite chez Rita, remarque sur un bureau une quantité de factures impayées. Elle s'en étonne. Rita soupire : « Ce qui est à moi est à mon mari », déclare-t-elle avec désinvolture, puis elle lui révèle qu'elle règle souvent sur ses deniers les notes exorbitantes que laisse Ali dans les restaurants et night-clubs où il consume ses nuits.

Tous remarquent aussi que Rita devient de plus en plus nerveuse. A la différence d'Orson, qui détestait ses scènes, Ali la pousse à bout comme à plaisir. Sans doute parce qu'il a perpétuellement besoin d'être rassuré sur lui-même, il aime ces moments où la passion égare assez Rita pour qu'elle saccage tout ce qui lui tombe sous la main, livres, tapis, porcelaines précieuses… Ils se réconcilient, puis l'excès de sentimentalité de Rita exaspère à nouveau Ali et il reprend sa vie habituelle, de casino en champ de courses, de réception en boîte de nuit.

Un matin, Rita convoque le mannequin-vedette de Jacques Fath, Bettina, pour qu'elle lui présente à domicile les modèles du couturier. Rita la fait attendre. Quand elle est enfin prête à la recevoir, elle découvre le mannequin dans les bras de son mari…

Ce n'est pas le pire. Bien qu'elle sauve encore les apparences, bien qu'elle se prête de bonne grâce à des reportages sur cette vie fastueuse qui fait tourner la tête de toutes les midinettes, Rita n'arrive pas à se faire à son rôle d'altesse orientale. Chaque fois qu'on la présente comme la princesse Margarita Khan, elle réprime avec difficulté une sorte de sursaut, comme si elle se refusait, au plus profond d'elle-même, à incarner un personnage qu'elle n'est pas. Un moment, Ali avait parlé de devenir le producteur de ses films. Il n'en est plus question.

Alors, peu à peu, la nostalgie des plateaux de cinéma s'empare de Rita. Hollywood à nouveau lui devient désirable, surtout lorsqu'elle apprend qu'une actrice presque inconnue vient d'obtenir un oscar dans un rôle qu'elle avait refusé de tourner. Là-bas aussi, se dit-elle, on l'épiait sans cesse ; mais au moins on l'adulait. En Europe, dans les résidences d'Ali Khan, elle n'est que la femme d'un prince léger et inconstant, la deuxième épouse d'une liste qui pourrait bien s'allonger. Car elle n'a plus d'illusions sur sa fidélité. Un soir, dans une boîte de nuit, Ali s'est penché vers Rita pour lui demander, le plus naturellement du monde, sa bague de diamants. Il voulait l'offrir à une jeune femme avec laquelle il flirtait très ouvertement. A la stupéfaction générale, Rita lui tendit le bijou sur-le-champ : « Pour moi les objets n'ont aucune valeur en eux-mêmes », expliqua-t-elle. « Je n'avais pas besoin de ces bijoux et je ne les avais jamais vraiment voulus. Quant à Ali, il savait qu'il pouvait remplacer cette bague comme il le souhaitait. »

La crise la plus grave éclate au Kenya. Ali a fini par sentir que Rita veut rompre. Il l'emmène en safari pour la calmer. Il est malheureusement incapable de changer ses habitudes. Une fois de plus, il traîne derrière lui sa cour de parasites ; et il exige de Rita qu'elle l'accompagne dans toutes ses visites protocolaires à ses fidèles ismaéliens. Elle doit remettre des prix, inaugurer des écoles ; et, comme d'habitude, on l'observe, on la scrute. Elle entend parfois sur son passage des commentaires désobligeants. Elle est excédée. Dans les communautés européennes de Nairobi, on lui manifeste la même hostilité : on la considère comme une Blanche qui a trahi en épousant un homme de couleur.

« J'ai senti que je perdais pied au milieu de ces gens trop différents », se justifiera Rita. « J'ai commencé à m'énerver. » Un incident banal met le feu aux poudres. Un jour de grosse chaleur, Rita décide de se baigner. Avec sécheresse, Ali lui rappelle qu'elle est l'épouse d'un haut dignitaire musulman et qu'il serait d'une indécence insupportable que la femme d'un imam se dévoile devant ses fidèles. Rita n'y tient plus, elle explose ; puis elle se prétend malade et quitte le Kenya. A Cannes, elle découvre que son beau-père est installé dans sa villa. Prise de panique à l'idée que l'Aga Khan exige la garde de sa fille Yasmina, elle s'enfuit avec elle et sa sœur aînée Rebecca. Elle gagne Paris, puis Le Havre, enfin New York. Elle n'est pas descendue du bateau qu'elle est assaillie par les journalistes. Elle affirme qu'elle et Ali ne sont pas séparés et conclut : « La première chose que je vais faire, c'est manger un hot dog. »

En Europe et en Orient, cette petite phrase anodine est immédiatement interprétée comme une manifestation d'arrogance typiquement américaine. La presse se déchaîne contre la star : Rita Hayworth, dit-on, est le prototype de la femme américaine conquérante, méprisante, elle n'est qu'une vedette frivole et capricieuse, elle n'aime que son image, elle ne respecte rien. A son habitude, Rita ne désespère pas. Elle est persuadée que l'Amérique va la traiter en enfant prodigue et lui offrir l'occasion d'un éblouissant come-back. Lorsqu'elle arrive à Hollywood, elle découvre avec stupeur qu'on la considère aussi comme une traîtresse, pour des raisons exactement contraires à celles des Orientaux et des Européens : des mois durant, les revues pour midinettes ont relaté ses avatars conjugaux et, à longueur de colonnes, rappelé aux ménagères américaines que la répudiation est toujours possible dans la tradition musulmane ; certains ont même avancé que le prince a épousé Rita sous la pression de l'opinion publique, parce qu'elle était enceinte. Enfin, dans ces revues, on a prononcé des mots qui font horreur à l'Amérique puritaine : polygamie, harem.

Pour comble, Rita n'a plus un sou en poche. Dès qu'il l'apprend, son producteur, Harry Cohn, qui attendait depuis des mois l'occasion de se venger de son dédain, se présente chez elle et lui propose un contrat : il lui offre de la ramener au sommet de la gloire contre un engagement d'obéissance absolue.

Les conditions de ce contrat sont draconiennes : Rita doit s'abstenir de tout jugement sur le scénario, de toute intervention, fût-elle minime, enfin et surtout des caprices les plus insignifiants. Le désarroi de Rita est tel qu'elle se soumet. Le document n'est pas signé que Cohn organise une campagne de publicité autour d'elle : on associe son nom à des firmes de produits de beauté, à des paquets de cigarettes.

Le succès est immédiat, foudroyant. Les journaux américains titrent triomphalement : « La princesse a abdiqué » ou « Cendrillon est fatiguée ». Rita dément toutes les rumeurs de séparation avec Ali Khan mais, dès qu'il est assuré que sa star préférée n'est pas oubliée du public américain, Cohn la pousse à nouveau devant les caméras. La qualité des scénarios est comme toujours le cadet de ses soucis. A son avis, le nom de Rita Hayworth va jouer ainsi qu'une formule magique, comme pour les crèmes de nuit ou les cigarettes sans filtre. « Pour Cohn, la recette était simple », commenta Rita, « il ne voulait pas changer l'image de sex-symbol que je représentais. Il aurait voulu la perpétuer jusqu'à mes quatre-vingt-dix ans... ».

Ce qu'il ne saisit pas, c'est que depuis son mariage avec Ali Khan, quelque chose s'est brisé en Rita. Jusqu'à sa rencontre avec le prince, en dépit de ses soucis matrimoniaux, elle était restée une actrice travailleuse, consciencieuse, jamais lasse, elle n'avait jamais désespéré de découvrir l'homme qui réconcilierait les deux parties antagonistes d'elle-même, la star et la petite-bourgeoise, la charmeuse et la femme au foyer, celle qui aguiche les hommes et celle qui cherche à être aimée pour elle-même, l'épouse en quête d'une vie simple et la belle qui se délecte de son image raffinée. A présent, Rita a compris qu'elle ne réalisera jamais cette unité.

A la vérité, la fêlure n'est perceptible que pour de très rares confidents. Dès que s'approche l'objectif d'un photographe, le sourire radieux de Rita donne aisément le change. Son amour pour ses enfants la soutient ; rien que pour eux, elle parvient à retrouver son énergie d'antan. Ainsi, elle entame sans trembler sa procédure de divorce contre Ali Khan. Ses avocats lui apprennent qu'elle peut l'accélérer en profitant d'un artifice légal ; malheureusement, il lui faut, pour en bénéficier, s'enterrer au fin fond du Nevada, seul Etat américain à offrir cette opportunité. Rita n'hésite pas une seconde ; et elle n'en reste pas là : elle réclame, et obtient, la constitution d'un fonds de garantie afin de préserver les intérêts de Yasmina face aux autres membres de la famille de l'Aga Khan.

Mais lorsqu'elle revient à Hollywood, personne ne vient l'accueillir à la gare : à ce simple détail, elle comprend qu'il lui sera difficile de regagner le terrain perdu. L'entreprise est d'autant plus ardue que la grande époque de Hollywood est révolue : en quelques années, de cinquième industrie américaine, le cinéma hollywoodien est passé à la quinzième place. Une autre star fait tourner les têtes, elle remplace Rita à l'avant des camions qui sillonnent le continent

américain. C'est une blonde ravageuse que Rita s'obstine à sur-
nommer la « grosse patate ». Elle s'appelle Marilyn Monroe… Enfin
Cohn, en fait de come-back, lui impose le scénario abracadabrant
d'*Affaire à Trinidad*, sorte de pâle remake de *Gilda*. Il a déclaré lui-
même, avec son cynisme habituel : « Ce scénario ne vaut rien, mais
nous n'avons pas le temps de faire autre chose. »

Au cours du tournage, Rita tente de se rebeller. Elle jette le scénario à terre et refuse de tourner. Cohn est intraitable. Trop content de
prendre sa revanche, il condescend à quelques vagues retouches de
détail, puis rappelle à Rita que sa situation financière est désastreuse
et la contraint à reprendre le travail sans condition. Elle capitule.
Devant la caméra, notamment dans les scènes de danse, tous ses admirateurs redécouvrent son brio, sa beauté, mais ils sentent aussi que
quelque chose d'indéfinissable l'a désertée. Peut-être ce qui faisait sa
grâce, ce mélange de liberté et d'insouciance radieuse que personne
n'avait pu copier, cette magie impalpable, l'impression qu'avec Rita
tout devenait possible. Et elle est devenue si désenchantée qu'elle se
refuse au moindre effort pour la promotion du film : lors du cocktail
donné pour sa sortie, au scandale général, elle arrive en jean…

Cohn lui impose alors un autre scénario, encore moins intéressant, celui de *Salomé*, écrit en trois jours. On la fait tourner dans des
costumes du plus pur kitsch hollywoodien, notamment un mémorable maillot couleur chair recouvert de voiles transparents et mul-
ticolores, pour suggérer l'impression qu'elle est nue. Encore une fois,
Rita se soumet, mais sans la moindre illusion ; et, lorsqu'elle apprend
qu'Ali cherche une reconciliation, elle se reprend à espérer.

Elle n'ose encore y croire lorsque le prince arrive à Hollywood,
chargé de cadeaux pour Rebecca et Yasmina. Elle retourne à Paris.
Les deux époux donnent une conférence de presse où ils assurent

qu'ils sont rabibochés. Mais quelques jours plus tard, Rita découvre que les prévenances subites d'Ali sont dues aux remontrances de l'Aga Kahn, qui veut tout faire pour éviter le divorce. C'est aussi la première fois qu'une femme abandonne Ali et il a été profondément touché dans son amour-propre. Rita repart sur-le-champ et reprend la procédure de séparation.

La séparation est prononcée le 27 janvier 1953 pour « cruauté mentale ». Et, comme après ses précédents divorces, Rita et son ex-époux continuent de s'affronter à coups de déclarations fracassantes : « Tout ce que voulait Rita », jure Ali, « c'était s'asseoir au coin du feu et se reposer. Cela n'avait rien de passionnant… », Rita rétorque : « Ali Khan est un play-boy. Il ne sait pas ce qu'est la vie de famille. Il ne pense qu'au jeu, aux chevaux et à la chasse. » La presse internationale n'est pas de reste dans ces échanges amers. « Le malheur de ce couple », commente cruellement un chroniqueur, « c'est que tous deux ont une trop grande part dans les richesses du monde et une trop petite dans celles de l'esprit ». Mais Rita est devenue indifférente aux flèches dont on l'accable. Elle n'a plus qu'une idée en tête : la reconquête de l'Amérique. Le drame, c'est que le somptueux palais d'Ali Khan est loin, et tout aussi lointaine sa gloire des années quarante. Elle commence à rétablir sa situation financière, mais elle se retrouve seule, avec deux enfants à élever et sa carrière à rétablir.

L'amour qu'elle porte à ses filles réussit encore à la galvaniser ; on découvre soudain, au lieu d'une star folle d'elle-même, une Rita courageuse et réaliste. Ainsi, elle inscrit sa fille Rebecca à l'école publique : « A dix ans, elle a connu assez de choses irréelles pour la vie entière », affirme-t-elle à ceux qui s'en étonnent. « Je tiens à ce qu'elle apprenne que la vie ne se résume pas au palais d'un prince ou au bord d'une piscine à Hollywood. »

Le miracle paraît donc encore possible. Cependant la fêlure est là, secrète, et qui s'agrandit avec le temps. En dépit des apparences, et malgré tous ses efforts, Rita ne parvient pas à se guérir de l'idée qu'elle doit s'appuyer sur un homme. Elle a été mariée trois fois, elle a trente-cinq ans, elle a tout connu des orages de la passion, et elle demeure, même si elle le cache bien, aussi fleur bleue qu'une adolescente. Tous ceux qui la connaissent redoutent les années à venir car, c'est couru, le premier homme dont elle s'amourachera la replongera dans le cauchemar qu'elle a vécu avec Welles et Ali.

Comble de malchance, ce premier venu, qui ne tarde pas à se présenter, est un personnage particulièrement pernicieux, un chanteur raté, Dick Haymes. Trop heureux de pouvoir se reconstruire une gloire à peu de frais, il fait à Rita une cour empressée. Au moment où elle le rencontre, la star est particulièrement fragile. Elle vient de tourner un rôle à sa mesure dans *Miss Sadie Thompson*, où elle a brillamment interprété un rôle de femme fatale, mais le public a très froidement reçu le film. Rita est déçue. « C'était pourtant un grand moment de cinéma. La publicité disait que j'étais la seule femme au monde dont il ne fallait pas tomber amoureux. Dick Haymes ne s'est pas laissé influencer, puisque c'est à ce moment-là qu'il m'a demandé ma main. »

Ils se marient en septembre 1953 à Las Vegas. « Je suis de la race de celles qui épousent », commente joyeusement Rita. « Cette fois-ci, c'est pour de bon ! » On l'écoute avec scepticisme. Personne ne comprend ce qui la pousse à ce quatrième mariage – hormis la peur de la solitude : Dick Haymes est connu comme un demi-escroc, il n'a jamais payé leurs pensions alimentaires à ses trois ex-femmes, il est poursuivi pour faillite, il doit quatre-vingt-dix mille dollars au fisc et il est menacé d'expulsion des Etats-Unis.

Sa personnalité particulièrement louche en fait aussitôt une proie facile pour les journaux à scandale : ils sont trop heureux de pouvoir salir la star à travers son mari. On fait ainsi circuler des rumeurs selon lesquelles Rita ne s'occupe pas de ses filles, on publie des photos truquées ; un tribunal tente de lui enlever la garde de Rebecca et de Yasmina. Pour couronner le tout, Haymes entend régenter la carrière de Rita. A force d'intrigues et de tractations véreuses, il parvient, en quelques mois, à brouiller définitivement Rita avec la Columbia. Et surtout, il boit ; il la frappe devant ses enfants. A bout de forces, Rita, une fois de plus, décide de divorcer. Elle obtient le divorce sans difficulté, pour « cruauté mentale extrême ».

Cette union aura duré deux ans. Sur cette époque, qui marque le début de son déclin, Rita donnera plus tard une analyse particulièrement lucide : « La crise de la comédienne a commencé avec la crise de la femme. Comme si j'avais fermé les portes de l'extérieur, alors que la fête battait son plein à l'intérieur... Je me suis mariée avec Dick Haymes parce que j'avais besoin de sécurité. Erreur profonde ! Nous nous sommes disputés sans arrêt. Nous ne nous sommes jamais compris. Jamais aimés non plus. Ce fut seulement une erreur tragique qui a duré deux ans... »

Et, comme chaque fois qu'elle est déprimée, Rita part pour l'Europe. Elle voyage, puis reprend la vie sur les plateaux. Mais à Hollywood, d'autres étoiles la remplacent : après Marilyn, Ava Gardner, Kim Novak, Elizabeth Taylor... Les films qu'elle tourne sont pourtant bien meilleurs ; elle y révèle une maturité éblouissante, et, dans cette fin des années cinquante, on pense qu'elle a enfin réussi à dépasser son rôle de sex-symbol pour révéler toute l'étendue de son talent. Même si sa beauté s'est un peu ternie, l'actrice s'est épanouie et a élargi son registre : elle réussit maintenant à interpréter avec le même brio les femmes névrosées et les amoureuses au grand cœur. Elle a le courage de se vieillir dans un rôle qu'elle interprète aux côtés de la jeune Kim Novak, en jouant avec une telle grâce qu'elle en écrase sa jeune rivale.

C'est qu'un homme, à nouveau, vient de lui rendre le goût de vivre : le producteur James Hill, qu'elle épouse en 1958. On croit alors Rita sauvée. D'autant que l'abominable Cohn vient de mourir. Hollywood lui a offert des obsèques somptueuses ; soulagés, tous les acteurs et scénaristes sont venus à l'enterrement pour s'assurer que le dictateur de la Columbia était bel et bien mort…

Rita, elle aussi, respire. De l'avis général, James Hill peut lui apporter la sécurité dont elle rêve depuis son enfance : c'est un homme riche et cultivé, collectionneur de tableaux, qui déteste les mondanités et se complaît dans la solitude. Comme tous les autres, il est tombé sous le charme de Rita et lui a offert de produire ses films. Il la fait tourner dans un petit chef-d'œuvre : *Tables séparées*.

Mais l'échec du film suivant, *Ceux de Cordura*, réveille tous les démons de la star. Par un processus étrange, il suffit d'une mauvaise critique pour qu'elle se sente laide, âgée, finie. A quarante ans, elle n'arrête pas de ressasser le passé. Enfin, en 1960, un nouveau drame la brise : Ali Khan se tue dans un accident de voiture et c'est elle qui doit annoncer la nouvelle à Yasmina. Dès lors, l'obsession de la vieillesse ne cesse plus de la tarauder. Elle devient de plus en plus égocentrique et narcissique, supporte de moins en moins son image dans les miroirs. Si un film échoue, elle y voit un échec purement personnel, la confirmation éclatante que son physique n'est plus ce qu'il était du temps de *Gilda*. Alors qu'elle a tout pour être heureuse, elle s'abandonne à l'autodestruction. Elle se met à boire et accuse James Hill de ses malheurs.

Leur vie devient très rapidement intenable. Nouveau divorce, au bout de quatre ans. Elle fait aussitôt enlever de chez elle tous les miroirs et ne se regardera pas dans une glace pendant dix ans. A cette époque, la vue d'une photo de sa jeunesse la rend hystérique ; il faut aussitôt la faire disparaître. Un seul mot peut lui faire perdre le contrôle d'elle-même et, avant toute rencontre, elle se couvre de produits de beauté pendant des heures… Elle hante les night-clubs, boit plus que de raison et se confie jusqu'au matin au premier venu. Elle fait un jour cette déclaration accablante de lucidité et de désespoir : « J'ai fait enlever tous les miroirs de chez moi après mon divorce. Puis j'ai trouvé une autre parade : le whisky. Grâce à lui, j'entends à nouveau les applaudissements, je revois les sourires, les flashes des photographes, et les hommes qui m'ont serrée dans leurs bras… J'ai sans doute en moi une incapacité à vivre normalement. Ou peut-être, tout simplement, ma vie a-t-elle été une longue suite d'erreurs dont je suis la principale victime. »

Rita retrouve alors la vie qui avait été la sienne lors de son enfance : celle d'une errante. Une errante de luxe, qui va de palace en palace, de plateau de cinéma en cocktail mondain. Elle ne quitte plus sa bouteille de whisky. Les rôles qu'on lui propose sont de plus en plus souvent calqués sur sa vie : des femmes qui ont été belles, déçues par l'amour, et qui noient leur chagrin dans l'alcool. Ses filles ont grandi. Contre son avis, Rebecca s'est mariée avec un sculpteur. La mère et la fille se sont disputées, Rita a coupé les vivres à Rebecca, elles ne se voient plus. Yasmina, elle, s'est découvert une vocation : elle a une voix de soprano superbe et elle rêve de faire une carrière de cantatrice.

Avec les années, Rita devient un curieux personnage : sa silhouette s'est à peine épaissie, elle a gardé son port magnifique et la même élégance qu'autrefois ; elle pratique assidûment le golf et le tennis, mais, dès qu'elle rentre chez elle, elle recommence à boire. Aucun amant ne lui ramène la joie de vivre. Au bout de quelques jours, son euphorie se dissipe, les disputes reprennent, les cris, les coups, parfois. Malgré l'affection de ses amis, elle s'enfonce dans sa névrose. Sa lucidité demeure extrême ; pour autant, elle ne lui est d'aucun secours. Il semble, à l'écouter, qu'elle se contente du constat d'un naufrage sans plus chercher comment y remédier : « Je n'ai jamais connu de parents normaux ni une maison qui soit un refuge. Depuis que je suis née, j'ai rêvé d'une vie ordinaire, organisée, rassurante. J'ai toujours rêvé d'un homme sur lequel je pourrais m'appuyer, avec qui je construirais quelque chose qui existe vraiment. Dans la réalité, j'ai couru d'une erreur à l'autre. Je n'ai jamais été capable d'élever mes enfants comme je l'aurais voulu et je n'ai jamais connu un refuge vraiment confortable. »

La légende de Rita, pourtant, demeure vivace. Ainsi, le cinéaste français Georges Lautner est persuadé qu'elle est capable d'un superbe come-back et lui offre une chance en 1973 avec un rôle de premier plan dans *La Route de Salina*. Elle s'y montre parfaite, mais le film ne connaît qu'un succès d'estime. On lui propose un dernier scénario, *The Wrath of God*. Elle accepte mais se révèle incapable de tourner plus de quatre jours. Sur le plateau, tous ont remarqué qu'elle a un comportement de plus en plus étrange ; elle a de nombreuses pertes de mémoire, et on commence à soupçonner une autre cause que l'alcool.

De Los Angeles, on dépêche alors Kim Novak, qui la supplie de reprendre le tournage. Rita refuse, et à nouveau, s'enferme dans la solitude. Elle va s'enterrer dans une villa au nord de Hollywood, complètement à l'écart des routes. Une maison discrète, bourrée de souvenirs, et signalée par une simple petite plaque à son véritable nom : *Cansino*. « Je ne suis ni seule ni malheureuse », déclare-t-elle aux rares visiteurs. « J'ai encore moins besoin de pitié. » Tous la croient alcoolique incurable, même sa fille. Jusqu'à ce jour de janvier 1976 où elle refuse de sortir de l'avion qui l'a déposée à Londres. Elle a bu pendant le voyage, mais la terrifiante crise de nerfs qui la prend à l'atterrissage n'a rien à voir avec des troubles dus à l'alcoolisme. Il devient manifeste que Rita boit pour dissimuler une autre angoisse dont elle est seule à connaître la nature et qu'elle ne veut avouer pour rien au monde. Elle suit des cures de désintoxication, sans succès durable.

Son partenaire dans *Gilda*, Glenn Ford, vient alors lui rendre visite dans sa villa et s'aperçoit qu'elle le reconnaît avec difficulté. Il ne s'est pas éloigné qu'il la voit s'adresser aux arbres, les embrasser, les supplier de l'aimer – exactement comme s'ils étaient des êtres humains. Il interroge des voisins qui lui confient que, certaines nuits, on la voit errer dans son parc en criant désespérément : « Je suis Rita Hayworth, je suis Rita Hayworth ! » Il prévient sa fille, Yasmina, qui accourt. Elle trouve sa mère face à une glace. Rita voit son reflet à côté du sien et se retourne : « Qui êtes-vous ? »

Aussitôt, sa fille pressent le pire. Elle la fait examiner par un neurologue. Son diagnostic est terrible : Rita est atteinte de la maladie d'Alzheimer, une détérioration progressive et incurable des cellules nerveuses ; la mémoire se détruit peu à peu et les structures fondamentales de la personnalité finissent elles-mêmes par être attaquées.

Chez Rita, fait exceptionnel, la maladie a dû commencer alors qu'elle n'avait que quarante-cinq ans. On comprend alors que, si elle buvait, ce n'était pas seulement parce qu'elle voulait oublier ses échecs amoureux ; elle savait qu'elle perdait peu à peu les moyens qui, sa vie durant, lui avaient permis de sublimer son besoin d'amour devant les caméras.

En 1981, il faut la placer sous curatelle. Yasmina abandonne sa carrière de cantatrice pour se dévouer entièrement à sa mère. Elle fonde un organisme destiné à aider la recherche sur la maladie d'Alzheimer, installe Rita dans un appartement de New York où des infirmières veillent sur elle en permanence, loin de tous les regards. La star s'y éteint doucement, inconsciente sans doute, délivrée de ce qui avait fait sa gloire et son tourment, cet irrésistible besoin de plaire et d'être aimée qui avait commencé à l'aube des années trente, lorsqu'elle dansait dans les bras de son père...

Avant de sombrer dans la maladie, elle avait eu le temps, en quelques phrases superbes, de dresser un bilan :

« Si c'était à refaire, je referais tout exactement pareil. Je voudrais simplement connaître le grand amour, la seule chose qui m'a peut-être manqué... Je voudrais tout revivre de la même manière depuis mes débuts au cinéma jusqu'à mes plus grands succès, depuis la tendresse de mon père jusqu'à mon amour pour mes deux enfants... Je rêvais d'amour, d'un peu d'amour, et l'ai vu sur le visage de millions d'hommes. Je voulais devenir actrice et je suis devenue la star la plus célèbre du monde. Il me fallait un peu d'argent et j'en ai eu tellement que je n'en connaissais pas le chiffre. La vie m'a trop donné. »

Le mouton à cinq pattes

Diana

Depuis l'enfance, Diana
rêvait de vivre en même temps
l'amour et la gloire.

Star entre les stars,
« la petite fille perdue, l'enfant égarée »
restera la Reine des cœurs
de tout un peuple.

Diana

Le mouton à cinq pattes

Elle n'était pas faite pour le bonheur. Elle était de ces êtres blessés dès l'origine, rongés par une fatalité secrète qui les emmène sans faillir là où la douleur sera la plus vive. A présent que s'est refermé le livre d'images qui nous a fait tellement rêver – diadèmes, châteaux, baisers, carrosses, robes de bal, bambins roses et blonds, croisières noyées de soleil – maintenant que s'est évaporée la féerie dans un fracas de tôles contre le treizième pilier d'un tunnel, maintenant aussi que le mystère se clôt sur ce corps auquel aura été épargné l'affront suprême de la vieillesse, une évidence surgit, une de ces vérités qui ne s'imposent jamais que dans le drame : la vie, qui avait offert à Diana la gamme entière de ses plaisirs, lui avait cependant refusé l'essentiel, le pouvoir de construire librement son bonheur.

Et, à l'instant même où elle avait compris qu'elle pouvait le bâtir à sa guise, au moment où elle s'engageait sur la route (périlleuse, elle aussi) de l'épanouissement personnel, voilà que la fatalité première a resurgi, cette fois pour l'anéantir.

Depuis toujours, Diana voulait être aimée. Désir banal, commun à tous les mortels. Dans son cas, il prit une acuité rare. Car c'est cette pulsion qui fit d'elle, dès qu'elle se retrouva sous la lumière des flashes, une star entre les stars. Dans quel abîme de désarroi enfantin avait pris racine cette si violente nécessité ? Nul sans doute ne le saura. Les anecdotes fondatrices de cette prime détresse, qui fédérait les facettes contradictoires de sa personnalité très complexe, Diana les a emportées dans la mort ; et seules quelques rares confidences de proches permettent de discerner par quel enchaînement cette délicieuse petite fille blonde, promise au parcours le plus classique des aristocrates anglaises s'est retrouvée précipitée sous les feux d'une gloire qui, après tant d'autres, allait la consumer.

Comme placée dès l'origine sous le signe de la lumière, Diana était née au début de l'été, le 1er juillet 1961, dans l'une des plus brillantes familles de l'aristocratie anglaise, les Spencer, descendants des Marlborough – ceux-là mêmes qu'une chanson populaire française continue d'immortaliser. L'un de ses plus illustres représentants avait été, en ce siècle, rien moins que Winston Churchill.

Cela faisait quatre siècles que la famille Spencer, enrichie dans l'élevage et le commerce du mouton, avait reçu titres nobiliaires, armoiries et devise (« Dieu défend le droit »). Le père de Diana, huitième comte d'Althorp, possède un énorme château ; il regorge de tableaux de maîtres, de sculptures, de reliures rares ; et sa fortune personnelle demeure colossale. Donc en apparence, dans cette naissance, la quatrième au foyer des Spencer, rien d'autre qu'une page du carnet rose de la gentry, la belle et gentille façade dont la bonne société britannique recouvre si artistement ses déchirements et ses frustrations.

Car le couple Spencer va depuis longtemps à vau-l'eau ; ce quatrième enfant est « un enfant de remplacement », selon le mot explicite et cruel que les psychologues emploient pour désigner ces bébés qu'on fabrique après la mort d'un autre enfant. Après la naissance de ses deux aînées, Jane et Sarah, le comte a voulu à tout prix un garçon ; sa femme a accouché d'un garçon chétif et mal formé qui n'a survécu que quelques heures.

Le comte Spencer est un homme autoritaire, colérique, sans nuances. Il a rejeté sur sa femme la responsabilité de cette naissance malheureuse et l'a contrainte à de multiples examens médicaux pour s'assurer qu'elle n'était pas atteinte de quelque mystérieuse tare qui lui aurait interdit de mettre au monde des mâles. La comtesse s'y est soumise, elle a même suivi l'un des premiers régimes supposés permettre la naissance d'un garçon. Elle s'est vite retrouvée enceinte. Dans les années soixante, l'échographie n'existait pas encore ; rien de sûr ne pouvait être établi quant au sexe de l'enfant à naître ; mais par défi ou par provocation, les époux n'ont choisi pour l'enfant à venir que des prénoms masculins.

Et voilà que vient au monde une fille, une délicieuse petite poupée au teint rose bonbon, aux yeux de porcelaine et aux cheveux blonds – une *perfect english rose* comme on nomme outre-Manche les jeunes filles idéales. Les parents sont si déçus qu'ils mettent une semaine avant de se décider pour un prénom... Le premier psychologue venu déduirait aisément que Diana conserva des traces inconscientes de l'épisode : plus tard, devenue elle-même mère, la princesse regrettera plusieurs fois ouvertement de n'être pas née garçon ; et, certains jours où la détresse l'accablait davantage, elle alla jusqu'à dire que, si le petit bébé malingre qui l'avait précédée avait survécu, ses parents ne l'auraient jamais conçue et elle ne serait pas de ce monde...

Sentiment confus et persistant d'inutilité. La naissance de son frère, un an après la sienne, vient encore le renforcer. Ironie cruelle du destin : ses parents le prénomment Charles – le prénom qu'elle aurait dû porter si elle était née mâle…

A la naissance de ce garçon tant attendu, le bonheur des Spencer est si vif qu'ils sollicitent Elizabeth II pour tenir le rôle de marraine. La souveraine accepte – il est vrai qu'une liaison clandestine avait uni le roi Charles III et une aïeule des Spencer. Dans la petite tribu, Diana occupe dès lors la place qu'elle ne quittera plus jusqu'à ses fiançailles avec le prince de Galles : la dernière.

« Une petite fille perdue, une enfant égarée », comme la définit la nurse qui s'occupa d'elle en ce temps-là. Et pourtant, déjà, Diana s'efforçait de s'en sortir, en se conformant à tout ce qu'on lui demandait d'apprendre. Elle reçoit la meilleure éducation, elle est parfaite, dès ses premières années, en toutes circonstances ; et d'une façon si spectaculaire que tout le monde surnomme cette petite fille modèle : « la Duchesse ».

Le cadre où elle grandit est on ne peut plus délicieux : la propriété familiale de Park House, en pleine campagne, une très confortable maison de maître en brique et pierre de pays. Le domaine jouxte celui de la reine, Sandringham ; ses premiers camarades de jeux sont donc les enfants de la souveraine. Il faut dire que le comte Spencer a décidé d'agrémenter son domaine d'une piscine, idée extravagante pour l'époque, surtout sous ces froides latitudes. Le bassin est aussitôt devenu l'attraction du pays, même pour les enfants royaux : tout princes qu'ils soient, ils n'en ont pas. Au premier rayon de soleil, ils supplient leurs parents d'aller jouer chez les Spencer.

Seul un muret sépare Sandrigham de Park House. Les enfants, au lieu de faire un détour et de se présenter à la grille du domaine, préfèrent l'escalader, dussent-ils y laisser leurs fonds de culotte. Les baignades, les parties de cache-cache, les goûters se succèdent. Le plus enthousiaste de la bande est un petit garçon du même âge que Diana, le prince Andrew. Outre leurs jeux nautiques, ils s'amusent souvent à la dînette. Le prince Charles, lui, est en pleine puberté ; il est aussi convié à ces politesses de voisinage mais regarde les jeux des enfants sans y participer, de l'œil gentiment condescendant des adolescents.

Kissing cousins : « les cousins qui se font la bise », tels sont donc, dès ses premières années, les rapports de Diana avec la famille royale. Mais il y a aussi les deux grands-mères, ces jours-là, pour observer la petite bande, Queen Mum et lady Fermoy, mamie de Diana. On les surnomme « les deux inséparables », et c'est vrai qu'elles se ressemblent : soixante-dix ans passés, toujours à jacasser au-dessus de leurs scones et de leurs tasses de thé. Et à concocter des projets de mariage pour tous les bambins qui jouent sous leur nez.

Ce n'est pas seulement un jeu de société pour vieilles dames désœuvrées : dans leur univers, qui remonte à l'avant-guerre, et qui reste si proche des romans de Jane Austen, la méthode a fait ses preuves ; elle a très souvent assuré les unions les plus stables de l'aristocratie. Les deux grands-mères verraient bien Diana au bras d'Andrew. Pour Charles, elles préfèrent Sarah, sa sœur aînée. Elle est aussi jolie que sa cadette, mais elle s'annonce beaucoup plus sûre d'elle – de la race des futures reines, indiscutablement.

En somme, rien n'a changé depuis que Diana est née. Tout va même de mal en pis. On murmure que le comte Spencer se montre avec sa femme d'une effroyable brutalité. Les disputes, les bouderies, peut-être plus insupportables encore que les cris, se déroulent sans interruption sous le toit familial. Durant ces altercations, les enfants n'ont jamais droit au chapitre : « Les seuls souvenirs que je garde de la vie de mes parents sont des heurts, les pleurs de ma mère, la figure fermée de mon père », confiera plus tard Diana. « Nous ne pouvions poser aucune question. C'était insoutenable. »

Un jour, alors que les hurlements ont été plus stridents que d'habitude, Diana sort dans le couloir, s'avance en haut du grand escalier de pierre de Park House et se fige : son père porte plusieurs lourdes valises, qu'il jette dans une voiture. La comtesse est déjà dehors. Les pneus de la voiture crissent sur le gravier, une portière claque : la mère de Diana vient de quitter le domicile conjugal. Sans un mot d'explication, sans un adieu à ses enfants. Elle ne reviendra jamais sous le toit de son mari, refera sa vie avec un milliardaire, qui l'abandonnera quelques années plus tard, tandis que le comte Spencer, lui, convolera de son côté peu après avec Raine, la fille de Barbara Cartland.

Deuxième et terrible traumatisme. Au terme d'un procès houleux, assorti d'un déballage de témoignages sordides, le comte Spencer obtient la garde de ses quatre enfants. Diana, que sa mère peut voir malgré tout à dates fixes, ne se remettra pas de cette confrontation. Confiée à la garde d'un père pour qui la psychologie est une terre inconnue, voire un indécent étalage d'insanités, la petite fille ne parvient à manifester son désarroi que par un silence buté ; on se méprend sur cette attitude que l'on confond avec de la gaucherie, de la timidité – très fréquentes, il est vrai, à son âge. La petite fille, en fait, est repliée sur sa détresse et incapable de l'exprimer.

Plus tard, devenue princesse de Galles, tous ces symptômes réapparaîtront ; Diana, de temps à autre, lâchera des commentaires très amers au sujet de son père, lui reprochant tout particulièrement de n'avoir jamais établi de dialogue avec elle. Le comte Spencer écartera la critique d'une réflexion gaillarde : « Evidemment, il y avait la différence d'âge, j'aurais pu être son grand-père ! » En revanche, Diana n'aura pas une remarque sur le comportement de sa mère ; aucun mot non plus pour la défendre. On sentait qu'elle n'avait jamais accepté son départ et qu'elle évitait, autant qu'il se pouvait, de parler d'elle, voire de prononcer son nom ; et ce n'est que peu avant la mort de Diana que mère et fille se retrouvèrent réunies par un destin étrangement parallèle : la mère de Diana ne découvrit de sens à sa vie qu'en se dévouant aux malades et aux déshérités.

Vocation très ancienne chez Diana, sentiment de compassion spontané, directement issue de l'expérience précoce de la souffrance. La plus vive d'entre elles, après la séparation de ses parents, fut l'expérience du pensionnat, à neuf ans à peine. Certes, c'est l'habitude dans la bonne société britannique. Mais Diana est déjà trop blessée pour l'entendre ainsi. Tout ce qu'elle sent dans cette décision, c'est qu'on l'éloigne de chez elle ; qu'elle n'a de place nulle part, qu'elle est de trop. Pourtant, dans cette pension, elle retrouve ses sœurs aînées ; mais une fois de plus, ce sont elles qui accaparent l'attention ; et, du reste, Diana préfère demeurer dans leur ombre. Par exemple, c'est toujours elle qui fait les valises de sa sœur Sarah, qui range sa chambre, lui fait couler son bain… Elle se complaît d'autant plus dans ce rôle de petite souris que ses résultats scolaires sont plutôt médiocres. Enfin, comble de nullité dans un milieu où le cheval est roi, elle se montre terrorisée devant les équidés. Elle se casse le bras lors d'une chute ; dès lors, elle refuse de monter, ce qui l'isole des autres. En revanche, elle pratique la natation et le tennis avec un grand brio ; et son ambition, c'est de devenir une étoile de la danse, où elle excelle.

Une fois de plus, le destin s'en mêle : à quinze ans, sous l'effet d'une poussée de croissance spectaculaire, elle se transforme en grande bringue d'un mètre quatre-vingt-deux. « Vous serez ridicule sur scène », lui assène-t-on d'un ton grinçant. Diana avale la couleuvre. Docilement, comme elle l'a toujours fait ; et il faut être fin observateur pour remarquer qu'elle a pris un autre regard, où brille une bien étrange lueur. Souvent aussi, on la voit baisser la tête devant ses interlocuteurs, comme pour éviter un danger qu'elle serait seule à voir.

Mais la gentry britannique des années soixante-dix demeure un milieu où l'on ne s'attarde guère à ergoter sur la psychologie des jeunes filles, surtout si elles sont riches et bientôt bonnes à marier. Tout ce qu'on leur demande, c'est de s'occuper en attendant de convoler. Diana se conforme une fois de plus à ce qu'on attend d'elle et tente de se rendre utile. Dès qu'elle a quinze ans, elle s'offre à distraire les vieilles personnes et les malades du comté de Kent ; elle se risque même à visiter régulièrement des malades mentaux, ce qui, pour son âge, constitue une épreuve redoutable.

Aussi le comte Spencer tombe-t-il des nues quand, en 1976, annonçant à Diana qu'il va se remarier, sa fille lui rétorque froidement qu'elle n'assistera pas à la cérémonie. Il tempête, il menace ; rien n'y fait. Au même moment, elle échoue à ses *A levels* – l'équivalent britannique du bac. La nouvelle femme de son père, Raine, la propre fille de Barbara Cartland, croit bon de l'éloigner dans une pension suisse. Après quelques mois de séjour, Diana fait comprendre à son père qu'elle n'entend pas s'y éterniser. Retour en Grande-Bretagne : la petite fille docile vient de prouver qu'elle est aussi capable de se révolter, de mener une guerre, et de la gagner.

Mais à quel prix ! Elle est déjà sujette à des crises d'anorexie, immanquablement suivies d'accès de boulimie. Premier et dramatique appel au secours. Il s'accentue encore quand son père décide de quitter la demeure familiale de Park House, lieu magique de son enfance, pour séjourner dans le sombre château historique d'Althorp, où sa nouvelle épouse s'est mis en tête de tout réorganiser à sa guise. Diana est effondrée ; elle se sent abandonnée, dépossédée, mal-aimée. Mais elle se tait : ne pas se plaindre, serrer les dents, telle est la règle dans son milieu. Personne ou presque ne remarque ces très alarmants signaux. En elle, on ne voit qu'une jeune fille dont les troubles passeront avec le mariage ; et il est urgent de lui trouver un bon parti. A force de l'entendre dire, Diana finit par y croire, elle aussi, dur comme fer. Mais avec une autre volonté : ne jamais répéter les erreurs et les affrontements de ses parents. Et elle rêve, elle rêvasse des heures, comme on fait à cet âge, surtout quand on est en mal d'affection. En esprit, elle ne cesse de jouer avec les images les plus convenues, les plus enfantines, violons du bal, soulier de satin, robe à traîne. Histoire de passer le temps, elle garde des enfants dans une maternelle chic ; et le soir venu, dans l'appartement qu'elle partage avec ses amies, elle se prend pour Cendrillon.

C'est facile : elle s'est toujours sentie brimée ; elle a une marâtre, Raine ; et elle trouvera un prince, c'est tout aussi certain.

Un prince, oui. Mais pas un roi. Car le roi, enfin Charles, est programmé pour sa sœur, Sarah. Toujours première, Sarah, toujours la plus belle, la plus brillante, les garçons sont fous d'elle et les grands-mères aussi. Lady Fermoy et Queen Mum, invariablement chapeautées de vert pomme et de rose bonbon, malgré l'approche de leurs quatre-vingts ans, continuent de jacasser au-dessus de leurs sandwiches au concombre : « Je vous l'ai toujours dit, ma bonne amie, que cette petite Sarah ferait pour Charles une épouse idéale… » Et l'autre de répondre avec la même délicieuse voix flûtée : « Je l'ai toujours su aussi. »

Pendant le week-end, lors des parties de chasse obligatoires dans les manoirs de la bonne société, Diana, réfugiée dans son rôle de petite souris grisâtre, observe les progrès de l'intrigue entre sa sœur et Charles. Elle envie Sarah, elle soupire, elle baisse la tête et la frange blonde qui lui voile obstinément le front. Mais elle le sait : le prince de Galles n'est pas pour elle. D'ailleurs c'est un vieux, il est de douze ans son aîné, il a trente ans sonnés. Pour elle, on verra plus tard, quand on aura réussi le mariage du siècle avec Sarah et Charles. Elle passera en dernier, comme à l'accoutumée.

Sa sœur Sarah, évidemment, est aux anges, elle exulte. Et puis voilà qu'au bout de quelques semaines, elle n'a plus l'air très gaie. Elle finit même par afficher une moue carrément ennuyée, la tête d'une fille qui n'a qu'une envie : se faire oublier et se sauver au bout du monde. Un jour, d'ailleurs, elle explose et jette à sa grand-mère : « Je préfère épouser un clochard par amour, plutôt qu'un roi pour plaire à mes parents ! »

La rebuffade devient officielle. Charles est effondré, la famille royale aussi. Quant à Diana, dans la candeur de ses dix-huit ans, elle écarquille les yeux sans rien comprendre à l'affaire. Comment, sa sœur a refusé Charles, le prince le plus convoité du royaume et même de la planète ! Sa sœur est folle, ou trop gâtée ! Elle, Diana, le prince, elle en veut bien…

Et justement, voilà qu'on le lui propose ! Parce qu'elle est si bien élevée, cette jeune fille, si docile, si discrète. Pas de risque qu'elle sorte des rails, elle ! Et puis, elle est devenue tellement jolie. Le prince Charles lui-même a fini par s'en aviser. Enfin elle ne fume pas, elle se maquille à peine, elle s'habille de jupes longues, de petits pulls de laine bien convenables, une vraie *Sloane Ranger* (jeune fille BCBG des beaux quartiers de Londres). Evidemment, avec sa taille, il faudra qu'elle s'arrange pour rester dans l'ombre de son mari dans les manifestations officielles. Mais elle est tellement timide, de toute façon. Et on s'est renseigné : pas un garçon dans sa vie, pas le moindre flirt. *Virgo intacta*, comme on dit dans la puritaine famille Windsor. Il n'en reste plus guère dans l'aristocratie britannique où, comme dans le reste de la société occidentale, les jeunes filles dès l'âge de quinze ou seize ans balancent leur bonnet par-dessus les moulins.

Diana, le mouton à cinq pattes : il faut sauter sur l'occasion, juge la famille royale. Cette fois-ci, pas question de ratage, le petit complot est rondement mené. Les deux grands-mères, fines mouches, choisissent de s'effacer ; on s'y prend bien doucettement, l'air de rien, en comptant sur cette petite lumière que la petite Diana a au fond des yeux depuis qu'elle est toute petite. L'attente d'amour. La soif de féerie.

C'est sûr, elle rêve tout éveillée, cette gamine de dix-huit ans, qui rougit et se met à danser toute seule quand elle reçoit des invitations du prince de Galles… Du romanesque à quatre sous. Mais c'est de son âge. A cette réserve près qu'elle devrait écouter les avertissements feutrés de certaines de ses amies : « Tu rêves d'épouser le prince, mais méfie-toi, c'est avec la famille royale que tu vas te marier. Une famille dont avant toi aucune fille n'a voulu. »

Donc c'est un piège. Non que Charles soit un monstre, loin de là, ni qu'il soit affligé d'une tare secrète. Lui aussi, c'est un brave type égaré dans un milieu où il ne se reconnaît pas, malgré son pedigree irréprochable, un dressage impeccable et une application touchante à se conformer aux us et coutumes de son antédiluvienne tribu.

Diana croit ses amies jalouses, elle ne les écoute pas. Le prince lui envoie des bouquets de fleurs, l'invite au polo, au bal, et même à Balmoral. Son cœur bat : jamais personne ne s'est intéressé autant à elle.

Et puis plus rien. Charles ne se déclare pas, on dirait que quelque chose le retient. Et pourtant l'entourage continue à se démener, jusqu'à Sarah qui se dévoue. En novembre 1978, pour rapprocher définitivement les deux supposés tourtereaux, elle organise un grand dîner d'apparat à Althorp. Diana y arbore l'une de ses premières robes du soir.

Cette fois, Charles est ébloui. Il invite Diana à l'une de ses occupations préférées, la chasse au faisan. Elle déteste la chasse, mais elle est si amoureuse qu'elle s'y rend. Toujours pas de déclaration. Le prince semble prisonnier d'on ne sait quel mystère.

Ses parents le connaissent : c'est l'amour obstiné et sans espoir qu'il voue depuis une dizaine d'années à Camilla Parker-Bowles, à présent mariée et mère de famille. Délaissée par son mari, la jeune femme a repris sa liaison avec lui.

Le prince Philip juge qu'il faut en finir, il somme son fils de rompre et de demander la main de Diana. Bien qu'estomaqué, Charles s'exécute. Il entraîne la jeune fille au bord de la petite rivière à saumons qui traverse le domaine de Birkhall, en Ecosse, et lui propose de l'épouser. Diana accepte sur-le-champ, avec un tel enthousiasme que le prince en est tout chamboulé. Il se persuade alors qu'il peut aimer cette jeune fille qu'on le contraint à épouser par raison. La pire : la raison d'Etat.

Le malentendu est total. Diana, elle, est convaincue qu'il est tombé amoureux d'elle et qu'elle va être adorée comme elle ne l'a jamais été. Un homme lui a dit qu'il voulait faire sa vie avec elle, qui s'est toujours sentie de trop ; un homme la désire, elle l'éternelle indésirable. Alors tant pis pour sa famille, elle passera sur tout, la sévérité du protocole, la face polaire que lui oppose Sa Majesté, les obligations officielles à longueur d'année, les interviews qui lui donnent envie de s'enfuir à toutes jambes – et à nouveau, ce petit regard par en dessous qui n'annonce rien qui vaille. Mais Diana aime son prince, elle est déterminée à devenir reine, et mère de rois.

Les fiançailles sont annoncées fin février 1981. Elle est nommée princesse, altesse royale, lady et, à dix-neuf ans à peine, devient la seconde femme du royaume. En prime, pour la première fois de sa vie, elle a la joie de rendre son père éclatant de fierté.

Enfin, il y a tous ces gens, dans les rues, qui l'applaudissent dès qu'elle pointe le bout du nez, qui veulent la toucher, tout savoir d'elle, dirigent vers elle des pupilles dilatées d'attente. Or qui l'a attendue, jusqu'à ce jour ? Personne. L'amour, ce serait donc ça ?

Diana plane sur un petit nuage. Jusqu'au jour où, peu avant le mariage, elle va s'installer à Buckingham Palace. Elle y espère ce qui lui a toujours si cruellement manqué : la chaleur d'un accueil familial. En lieu et place, elle trouve une fiche épinglée sur son lit qui détaille son emploi du temps des jours à venir, quart d'heure par quart d'heure, avec pour chaque moment les tenues qu'elle doit porter.

Et l'amour, dans tout ça ? Elle cherche son prince. Il vaque à ses occupations, lui répond-on. C'est sans doute vrai. Et quand va-t-elle le voir ? Nouvelle réponse, mi-sèche, mi-amusée : « Que Son Altesse Royale consulte l'emploi du temps. »

En quelques jours, Diana retrouve les démons de sa prime adolescence. Elle ne peut plus rien avaler, puis se met d'un seul coup à dévorer furieusement des montagnes de sandwiches, et va s'enfermer dans les toilettes pour vomir. Comme autrefois, elle se cache, ne dit rien. Mais à qui se livrer ? Dans le feuilleton royal orchestré par Buckingham Palace, il n'y a pas de place pour les confidents.

D'ailleurs le mariage approche, la tribu Windsor se fend de charmants sourires, le prince lui offre des bijoux superbes. Enfin la robe qu'on lui prépare est sublime, avec sa traîne de soie interminable, magnifique… Ce Charles, bien sûr, elle commence à le trouver godiche ; il l'entretient pendant des heures de musique classique, de philosophie, d'écologie, elle préférerait qu'il lui parle de mode, de rock. Mais dès qu'ils seront intimes, juge Diana, ça devrait lui passer. De plus, toute cette effervescence planétaire n'est pas faite pour détendre un fiancé.

Pourtant quelque chose lui souffle qu'elle est prise dans une nasse : peu avant les noces, elle confie à une de ses amies qu'elle se sent « dans la peau d'un agneau qu'on va conduire au sacrifice ». Les Windsor ne seront pas une seconde famille, elle l'a enfin compris ; et elle sait déjà qu'elle s'apprête à entrer dans ce que le prince Philip, un jour d'humour noir, a surnommé « la Firme ».

Pourtant, le 29 juillet 1981, alors qu'elle franchit les marches de la cathédrale Saint-Paul, tout le monde croit au conte de fées. Le gotha au grand complet a répondu présent, et le monde entier s'arrime à ses téléviseurs pour suivre ce qu'on a nommé « le mariage du siècle ». Malgré sa maladresse, sa langue qui fourche au moment d'énumérer les prénoms de son époux et ses chevilles qui flageolent quand elle monte dans le carrosse, le monde entier applaudit Diana, et elle rayonne. Oui, c'est sûr, elle est enfin aimée. Universellement.

Griserie du moment. Car, quelques jours plus tôt, lors d'une cérémonie officielle, sur un champ de courses, elle a fondu en larmes ; certains se sont demandé : aura-t-elle la force de tenir ? Dès le lendemain de son voyage de noces, elle la trouvera, presque immédiatement, et de la façon la plus simple possible : dans cette lumière qu'elle voit s'allumer dans les yeux du public, lorsqu'elle sort dans les rues et qu'elle s'aperçoit que c'est vers elle que vont tous les regards – non vers Charles. Mais c'est une revanche, rien qu'une compensation : la lune de miel sur le *Britannia* a été une catastrophe. A peine embarquée, Diana s'est aperçue que Charles dissimule dans son agenda une photo de sa vieille flamme, Camilla Parker-Bowles ; elle s'est mise à fouiller dans ses effets personnels, et elle a découvert un bijou à son chiffre.

Jalousie. Inquisition. Explications. Disputes. Cris. Le même théâtre que celui de ses parents, à Park Lane, à bord du yacht royal, prévu pour la scène d'un bonheur sans mélange. Et bien entendu, crises de boulimie-anorexie.

Le prince est désorienté. Il essaie à nouveau de lui parler écologie et musique classique, en pure perte. Il prend alors son mal en patience. Réconciliations sur l'oreiller. Diana, pense-t-il, est trop jeune, trop fragile ; il suffit d'attendre ; tout se calmera dès qu'elle aura un enfant.

Quelques mois plus tard, la princesse est enceinte. Mais loin de l'épanouir, la grossesse accentue son sentiment croissant d'abandon. Elle souffre de malaises, est contrainte d'espacer ses rencontres avec la population britannique dans lesquelles elle puise un tel soutien. Isolée, elle devient possessive. Le prince, élevé dans le culte du devoir, et dressé à contenir sa sensibilité, ne sait plus à quel saint se vouer. En désespoir de cause, il se réfugie dans les froides réponses qu'on lui a faites lorsqu'il souffrait lui-même de l'indifférence de sa famille : « Contrôlez-vous, je vous prie. » Diana est écrasée de désespoir. Enceinte de quatre mois, elle se jette du grand escalier de Sandringham. Plus de peur que de mal, rien que des bleus. Mais un peu plus tard, elle se taillade les seins avec un couteau à pamplemousse. Il faut qu'elle voie un psychiatre, lâche l'entourage de la reine. Et on répète que tout cela n'est pas grave, que, dès la naissance de l'enfant, tout s'arrangera.

L'enfant naît, merveilleusement beau et solide, le petit William, le 21 juin 1982. Tout le monde respire, y compris Charles. Car la situation s'arrange, dirait-on. Diana se révèle une mère magnifique, elle paraît plus détendue, plus gaie. Mais personne ne comprend qu'au-delà de la maternité quelque chose d'autre la comble : la naissance de William a fait d'elle la femme la plus populaire du royaume. Partout où elle va, on la fête, on l'adule, d'autant que sa beauté s'affine. La Dianamania a commencé.

Le prince s'en inquiète, puis en prend ombrage. Nouvelles disputes. Les querelles deviennent si dévastatrices que, le week-end, les domestiques de leur maison de campagne, à Highgrove, craignent l'arrivée des époux royaux. Les scènes obéissent exactement au même schéma que les altercations des parents Spencer : moments de violence et bouderies interminables. Mais tout reste encore cantonné dans l'atmosphère soigneusement capitonnée qui protège la famille royale. Il y a des murmures, des petits cancans mondains, sans plus. D'autant que pour la seconde fois, la princesse est enceinte.

Charles souhaite une fille ; et c'est un fils, Harry. La déception du prince est très perceptible. Diana revit alors instantanément le drame de sa propre naissance : ne pas être ce qu'on attend d'elle. De fêlure, sa douleur se fait brisure franche. Maintenant qu'elle a donné deux fils à la Couronne, il faut qu'elle existe, par tous les moyens.

D'abord par ses enfants, qu'elle se met à couver en tigresse. C'est-à-dire à les soustraire le plus possible à la « Firme » qui leur tient lieu, comme à elle, de famille. Ils iront à l'école publique, comme n'importe quel gamin de leur âge. Et elle, elle va régner sur les cœurs. On la photographie constamment ? Fort bien. Elle sera la plus belle, la plus étonnante, la plus étourdissante, elle dansera le rock en public au lieu de la polka comme à Balmoral, elle mettra des bas noirs avec des petits nœuds coquins sur la cheville, elle choisira les robes les plus sexy, et ce corps déjà superbe, elle l'affinera, le sculptera, gym, piscine, régimes, massages, elle utilisera tous les moyens pour prouver au monde qu'elle mérite d'être aimée.

Dans les médias, le règne des top-models vient de commencer. Fort bien, estime Diana, en matière princière, elle sera le top des tops. Elle sort dans les boîtes de nuit, seule. Princesse branchée – monarchie débranchée… bientôt détrônée ?

Alors, brusquement, dans l'immense flambée d'images, d'argent et de folie de ces années quatre-vingt, Diana devient une star. Une pop-star, car elle mélange hardiment les genres, Balmoral et *Dynasty*, les dîners en diadème et les bisous à Elton John, le rock et les assommantes réceptions officielles. Plus on l'adore, plus on méprise Charles, et plus on casse la porcelaine sous le toit des Galles. Les journalistes établissent des courbes statistiques sur les nuits que les époux passent sous le même toit. Bilan catastrophique. Mais en public, *cheese !* Sourires et signes de la main. Simplement, Charles a de plus en plus de tics. Et Diana, à force d'anorexie, est devenue maigre comme un coucou.

Dans la gentry, tout le monde le sait déjà : leur mariage est condamné. Malgré tous ses efforts, Charles ne peut rien contre le désarroi de sa femme ; et il est taraudé sans cesse par les mêmes questions : pourquoi le peuple l'aime-t-il, et pas moi ? Et qu'en sera-t-il quand je serai roi ?

Dans son angoisse, il reprend sa liaison, interrompue depuis maintenant dix ans, avec la seule femme qui l'ait jamais rassuré : Camilla. Cercle infernal : Diana l'apprend, et ses troubles psychologiques deviennent de plus en plus évidents, sans que la presse en connaisse la cause. Les journalistes se contentent de dresser le catalogue de ses comportements – autant d'appels de détresse : prise de tranquillisants, relaxation à l'orientale, massages, consultation d'astrologues, de psychologues, de gourous divers et variés.

Diana est prête à tout pour fuir la prison d'obligations où la maintient son statut d'altesse royale ; si bien que lorsque Andrew, son vieux copain de jeux, choisit d'épouser la turbulente Fergie, Diana saute aussitôt au cou de la nouvelle venue. Sa vitalité l'attire, sa joie de vivre la réconforte ; à elles deux, ne pourraient-elles pas faire bouger les choses à Buckingham Palace ? D'autant que Fergie a l'oreille de la reine : Elizabeth l'adore ; et la famille entière semble prête à tout lui passer.

Feu de paille. Car Andrew, sitôt sa lune de miel finie, est repris par ses obligations d'officier de marine. Fergie déprime à son tour, s'égare en interventions médiatiques controversées. Diana pressent qu'elle doit prendre de la distance avec sa belle-sœur si elle veut conserver sa place de princesse préférée du peuple britannique. Elle se replie sur ses œuvres de charité – notamment en faveur des malades du sida qu'elle contribue à faire accepter de l'opinion publique. Mais les années passent, ses enfants grandissent, et elle s'ennuie de plus en plus.

Ce mal commun chez les femmes jeunes, belles et malheureuses en ménage, on le nomme bovarysme ; et son remède – si tant est que c'en soit un – est toujours identique : un amant. Diana n'échappe pas à la règle. Toute sa soif inassouvie d'amour est prête à se cristalliser sur le premier venu.

Ce sera un fringant major de l'armée britannique, James Hewitt, qui enseigne l'équitation à ses enfants. Elle lui confie sa terreur panique de tout ce qui ressemble à la gent équidée. Hewitt la rassure, lui promet qu'il va la remettre en selle. Très vite, l'un et l'autre oublient le but officiel de leurs rencontres. Diana lui confie sa solitude ; et lui, tout simplement, se laisse aller à son désir. Ils s'abandonnent bientôt sans retenue à cette romance qui fleure délicieusement l'interdit.

Mais on ne peut rien cacher quand on est princesse. Charles puis la reine apprennent l'affaire, qui dure maintenant depuis plusieurs mois. Ils ne pipent mot. Eclate la guerre du Golfe. Le major Hewitt est expédié à la frontière du Koweit. Morte d'angoisse, Diana lui fait passer des lettres brûlantes ; en raison des circonstances, son beau soldat ne peut lui répondre.

Le major a-t-il aussi compris qu'il s'est aventuré dans un guêpier, a-t-il subi de discrètes pressions ? En tout cas, à son retour de la guerre, il est licencié de l'armée. Il cherche alors un appui, du travail, du secours auprès de Diana. Celle-ci est persuadée qu'il s'est joué d'elle. Mortifiée, et soucieuse de garder l'avantage dans une liaison où elle estime avoir sacrifié son honneur à la sincérité de ses sentiments, la princesse ferme sa porte au major. Il s'exile en France et cède aux sirènes de l'édition en monnayant pour un pactole le récit de ses amours.

C'est la fameuse *annus horribilis*, ces mois de 1992 où les catastrophes et les scandales les plus extravagants se mettent à frapper sans discontinuer la famille Windsor : après les photos de Fergie, surprise elle aussi avec un de ses amants, la presse publie les torrides conversations de Charles avec Camilla ; puis le livre de James Hewitt révèle à la planète les secrets les plus intimes de la jeune princesse.

Elle vient de fêter ses trente ans et de perdre ce père dont elle a constamment recherché l'affection sans jamais l'obtenir. De l'avis général, son instabilité et sa vulnérabilité sont devenues très alarmantes. Le bruit court qu'elle a de nouvelles liaisons ; on parle d'un certain James Gilbey, puis d'Olivier Hoare, un richissime antiquaire londonien. Celui-ci, puis un joueur de rugby, assurent qu'elle les poursuit de coups de fil anonymes.

Sexe, mensonges et tabloïds : la presse populaire fait ses choux gras de ces rumeurs sordides. Qu'elles soient fondées ou non, elles ne traduisent qu'une vérité : Diana n'a jamais été aussi malheureuse. A plusieurs reprises, elle craque en public. Il paraît évident à chacun que son union avec Charles n'a qu'une issue : le divorce.

Problème constitutionnel, politique, financier, juridique : l'écheveau auquel se retrouve alors confrontée Diana est d'une complexité qui paraît inextricable. Et pourtant, d'un seul coup, elle relève la tête. Elle engage les avocats les plus redoutables du Royaume-Uni et décide de se battre. En se découvrant un nouveau rôle – le plus populaire qui soit, le plus embarrassant aussi pour la famille royale : la femme blessée, la féministe new age, qui veut, avec sa liberté, reconquérir sa dignité.

Dans la lutte, la princesse croit pouvoir oublier sa vieille souffrance ; elle s'autopersuade qu'elle est vraiment libérée de ses démons, qu'elle a enfin trouvé un sens à son histoire – même si, pour tenir le coup pendant les quatre années, de 1992 à 1996, pendant lesquelles s'enlise sa procédure de divorce, elle continue d'avaler des tranquillisants, de s'épuiser dans son club de gym et de se faire tenir la main par un psychanalyste.

Lequel n'en peut mais ; car le besoin d'amour de Diana est devenu tel qu'il lui faut à toutes fins mettre la presse populaire de son côté. Elle se fait manipulatrice ; par l'entremise d'amis choisis, elle distille des confidences accablantes sur Charles, elle va jusqu'à confier à un journaliste jusque-là obscur, Andrew Morton, les éléments d'une biographie aussi sensationnelle que superbement téléguidée. Elle parvient ainsi à torpiller la maladroite autojustification que Charles a tentée dans un film documentaire réalisé par la très officielle BBC ; il y expliquait le désastre de son couple et les raisons qui l'avaient poussé à tromper la princesse en révélant que son mariage avait été arrangé et qu'il n'avait jamais aimé sa femme…

Diana le savait ; mais cette révélation publique a sur elle des effets ravageurs. Bien qu'elle cherche toujours à croire à son rôle de battante, elle estime secrètement qu'elle est revenue à la situation où elle avait été cantonnée durant toute son enfance : un être inutile et condamné à jouer les seconds rôles.

Mais, paradoxalement, elle découvre dans cette détresse une combativité inédite. Quelques mois plus tard, elle choisit d'expliquer au public ses difficultés conjugales, et, dans un mémorable show télévisé, avoue elle-même son adultère. D'un conflit privé, confiné jusque-là aux palais royaux, elle fait une scène de ménage planétaire et se rallie instantanément l'opinion publique. Cependant elle va plus loin que le prince, et c'est là sa suprême habileté, surtout quand elle clame haut et fort : « Je n'ai d'autre ambition que de devenir la souveraine des cœurs. »

Dès lors, le divorce devient plus qu'urgent. Débats dans la presse et à la Chambre des communes. A mesure que Diana reconquiert sa liberté, elle devient de plus en plus populaire ; parallèlement, l'image de la monarchie s'effondre dans les sondages. La princesse, *de facto*, se trouve investie d'une puissance politique. Soutiendrait-elle les partisans de la République, ou serait-elle manipulée par eux ? Certains le pensent. On la prétend sous la coupe d'un nabab de la presse anglo-saxonne, Rupert Murdoch, farouche adversaire de la monarchie britannique.

Des pressions sont alors exercées sur les avocats de Diana. Son sentiment de persécution s'accroît ; elle laisse entendre un jour que la famille royale cherche tout bonnement à la liquider. Un autre jour, elle affirme qu'elle va renoncer à toute activité publique ; mais quelques semaines plus tard, elle se remet à parcourir la planète à la rencontre des déshérités. Elle se lie ainsi avec mère Teresa, puis les dirigeants de l'Unicef et ceux de la Croix-Rouge. Images qui font le tour du monde, au même titre que ses séances de bronzage aux Caraïbes. La princesse au corps de top-model a obtenu ce qu'elle voulait : elle est devenue la reine des cœurs.

Au milieu de l'été 1996, le divorce est enfin prononcé. Diana a perdu son titre d'altesse royale, mais arraché à la monarchie à peu près tout ce qu'elle voulait, notamment une indemnité financière pharaonique et un droit de regard conjoint avec Charles sur l'éducation de ses enfants. Enfin, et surtout, la liberté. Dès lors, une seule question préoccupe ses fans : qui sera l'élu de son cœur ?

Car malgré sa neuve indépendance, la petite étoile bizarre, au fond de l'œil de Diana, ne s'est pas éteinte, cette insondable demande d'amour qui seule fait les stars ; et il est évident que cette belle jeune femme de trente-cinq ans ne va pas longtemps rester à se morfondre dans son palais de Kensington. Du reste, tous ses gestes semblent indiquer qu'elle cherche à tourner le dos à son passé :

dans un mouvement qui paraît aujourd'hui prophétique, elle met en vente, au profit d'un organisme de charité, les toilettes luxueuses qui avaient jalonné sa vie de princesse.

On la voit aussi en compagnie de plusieurs soupirants, des hommes souvent très riches, à l'exception du cardiologue pakistanais, Hasnat Khan. Depuis l'automne 1996, elle paraît très éprise de lui ; mais le milieu d'Hasnat ne le prépare en rien à affronter la vie fastueuse de la princesse et il hésite à l'épouser, alors même que Diana le presse de prendre une décision.

Et, sans doute, au seuil de l'été suivant, elle s'attache éperdument à Dodi al-Fayed. Il est musulman, comme Hasnat Khan ; et elle connaît bien son père, multimilliardaire égyptien qui a implanté depuis longtemps ses affaires en Grande-Bretagne : c'est à lui que le comte Spencer, sur son lit de mort, avait solennellement demandé, cinq ans plus tôt, de veiller sur sa fille. Les al-Fayed ne sont donc pas des étrangers pour elle, et cela fait plusieurs mois qu'elle apprécie la vitalité de Dodi, sa gentillesse et sa drôlerie. Mais d'un seul coup, elle se persuade qu'il est l'homme de sa vie. Le play-boy se retrouve ébloui par cette passion subite ; de surcroît, l'intérêt des médias l'amuse, le flatte. Il se jure – il lui jure – qu'il parviendra à résoudre la quadrature du cercle : la faire danser sous les feux de la gloire sans qu'elle en soit jamais blessée. Car il sait que Diana ne peut plus vivre ailleurs qu'en pleine lumière ; et il en oublie la sagesse de l'adage populaire : pour vivre heureux, vivons cachés.

Ils ne se dérobent donc pas aux paparazzi. Jeu avec le feu. Comme aux plus beaux temps de ses fiançailles avec Charles, la princesse est grisée. Des jours rayonnants commencent, où de Saint-Tropez à Monte-Carlo, de Paris à la Grèce, de jet privé en yacht, Dodi et sa princesse s'étourdissent de soleil. L'existence ne pèse plus – même quand on apprend que la vie privée de Dodi est plus tourmentée qu'il n'y paraît : un jeune mannequin américain prétend avoir reçu des promesses de mariage au même moment que Diana…

Celle-ci n'en a cure. Pour la première fois, en tout cas sur une période aussi longue, elle se sent sûre d'elle, certaine de son avenir. Plus de regards par en dessous, rien que la petite étoile au fond des yeux, même le jour où Charles, fin juillet, donne une fête à Highgrove en l'honneur de Camilla. Ce jour-là, à Saint-Tropez, Diana choisit d'aller vers les photographes et leur sourit, comme pour leur signifier qu'il n'y a plus rien à montrer d'elle que son visage radieux.

Elle est désormais persuadée qu'elle peut tout vivre en même temps, l'amour et la gloire, comme dans un roman rose, l'image de la passion et la passion des images. Dodi veut à chaque moment le lui prouver ; et rien ne le réjouit plus que de jouer au chat et à la souris avec ceux qui les épient.

Parce qu'il sait qu'il est quelque chose à quoi Diana ne pourra jamais renoncer, même par amour pour lui : l'éclair des flashes, l'œil des caméras, la lumière dans le regard des autres. Sans eux, elle n'existe pas.

Pavane brûlante – trop près du feu. A l'approche de l'automne, comme pour prolonger la fête, le jeu brusquement s'accélère. Contre le vieux mal de n'avoir pas été aimée, des images, encore des images, vite, plus vite – trop vite.

Et, comme dans un très mauvais film, tout se clôt sur un énorme fracas de tôles au fond d'un tunnel. Non plus que le soleil, disait Gide, la mort ne se peut regarder en face. A l'instant fatal, Diana l'eut-elle encore au fond des yeux, la petite étoile étrange – ce rayon bizarrement têtu qui fixe éternellement les stars au zénith de nos rêves ?

La Madone des cœurs brisés

Margaret

Après sa rupture avec le *group'captain*
Townsend, Margaret est devenue
« la Princesse triste ».

Avec Tony Armstrong-Jones, promu
Lord Snowdon et épousé en 1960,
elle retrouve un semblant de sourire.

Margaret
La Madone des cœurs brisés

Dans la distribution des rôles échus aux grands de ce monde, la princesse Margaret d'Angleterre a hérité d'un personnage particulièrement lourd : celui de la Princesse triste. Née en 1930, trois ans après Elizabeth, elle n'était absolument pas programmée pour le statut ingrat de sœur cadette d'une souveraine : le trône devait revenir à son oncle, le prince de Galles qu'on acclamait, saluait et fêtait dans le monde entier. Quant à son père, le duc d'York, il était de santé fragile et rien ne laissait présager qu'il devînt roi.

Les deux petites filles furent donc élevées comme de parfaites petites poupées de l'aristocratie anglaise, à qui on apprit le cheval, l'amour des chiens et les bonnes manières, et qu'on prépara, dès le berceau, au « grand jour » : le mariage, comme il se doit. Promenades à dos de poney, rubans dans les cheveux frisottés au petit fer, robes d'organdi, la jeune Margaret, comme Elizabeth, subit un dressage de qualité ; il la transforma en petite fille modèle, même s'il fut assez vite évident qu'elle était aussi rêveuse et espiègle que sa sœur aînée se montrait sérieuse et appliquée. Mais rien dans son comportement ne venait alors choquer les sacro-saintes convenances : la grand-mère des deux gamines, la terrifiante Queen Mary, maintenait la cour dans le vieux et sévère corset des us et coutumes victoriens ; et leur mère elle-même, malgré ses sourires et ses airs avenants, se montrait en tout une femme de devoir, extrêmement attentive à ce que sa petite famille ne déparât en aucun point le phénoménal monument de dignité et d'apparence de vertu que demeurait la famille royale d'Angleterre.

La romance du prince de Galles avec Wallis Simpson, en 1936, bouscula d'un seul coup ce magnifique édifice. Non seulement l'héritier du trône avoua publiquement qu'il était gouverné par ses passions, mais il fut contraint d'abdiquer, plaçant du même coup Elizabeth en première ligne de succession au trône, et Margaret derrière elle. La vie tranquille de leurs parents, leurs rêves de bonheur sans histoires ne furent plus de saison ; et ce d'autant moins que la Seconde Guerre mondiale se profilait à l'horizon.

Mais la jeune Margaret n'avait encore que six ans, elle était trop petite pour saisir ce qui l'attendait. Douce, vive, enjouée, elle se complaisait dans l'ombre de sa sœur. Bien sûr, elle enrageait parfois ; ainsi s'exclama-t-elle un jour, furieuse de s'entendre rappeler les honneurs qui attendaient Elizabeth : « Et moi je suis l'héritière présomptive de l'héritière présomptive. » Mais cette position l'arrangeait aussi : elle la dispensait de tout grand effort. On la jugeait alors superficielle ; et donc parfaite dans le rôle de princesse à marier.

A mesure qu'elle grandit et que sa beauté s'affirme, la cour se conforte dans cette opinion : en costume de scout bravant l'offensive des V2, et un peu plus tard en robe de débutante, Margaret ressemble trait pour trait aux héroïnes des films sentimentaux qui sont en vogue dans ces années quarante. Silhouette gracieuse, yeux clairs et humides, teint parfaitement limpide, il est clair que les prétendants ne vont pas tarder à se bousculer…

Aussi, sous les bombardements nazis comme durant la sévère

crise économique et politique qui suit l'armistice, tous les Anglais englués dans les restrictions la prennent pour un idéal de jeune fille ; sa fraîcheur, sa réserve leur paraissent une bouffée d'espoir dans leur univers meurtri, à l'horizon bouché par des perspectives de plus en plus sombres : l'Angleterre perd une à une toutes ses colonies et c'en est fait de l'Empire sur lequel le soleil, selon le mot de Victoria, ne se couchait jamais... Le bon peuple investit donc la jeune princesse de ses rêves à quatre sous et se met à espérer qu'en contrepartie de sa place de seconde, le destin lui offrira ce qu'aucune ligne de succession ne saurait lui procurer : le bonheur et l'amour, loin des devoirs et des charges assommantes bientôt assignées à Elizabeth.

Et dès ses vingt ans, Margaret se retrouve commise au rôle de princesse romanesque. Elle finit elle-même par y croire. Il est vrai qu'elle ressemble de plus en plus aux jeunes femmes qui peuplent les romans-photos de l'époque : décolleté généreux, regard tendre, bouche qui promet des paradis de sensualité... On lui trouve même un petit air de famille avec Ava Gardner. Première audace : elle introduit la ligne new-look à la cour ; elle la porte à ravir – et beaucoup mieux que sa sœur. Toutes les ladies l'imitent ; bientôt, avec ses permanentes soigneusement ondulées et ses sages petits rangs de perles, elle incarne la jeune fille BCBG des années cinquante. Dans la presse, à longueur de colonnes, on se plaît à l'opposer aux bombes sexuelles nouvellement promues par l'empire des images, Brigitte Bardot, Kim Novak, Annette Stroyberg et autres Marilyn. Lorsqu'ils sont conviés à Buckingham, les photographes aiment à surprendre ses expressions rêveuses ; sitôt parus, les clichés enflamment les imaginations, font la une des magazines et, d'un bout à l'autre de l'Europe, toutes les jeunes filles en mal de mari se mettent à copier Margaret, ses tailleurs, ses chapeaux, ses robes du soir, ses bijoux, ses petits crans dans les cheveux. Son aura romantique devient bientôt si populaire que, pour son vingt-cinquième anniversaire, Cecil Beaton demande à la photographier loin des tentures empesées des salons royaux. Pour Margaret, il veut le décor d'un jardin ; et il la fait poser devant des branchages printaniers.

Demi-sourire, yeux voilés, regard mélancolique : quel tourment peut bien se dissimuler derrière ce ravissant minois ? Car, malgré la foule de ses prétendants, exactement comme dans un conte, la princesse n'est toujours pas mariée...

Or Elizabeth, elle, l'aînée qui-fait-toujours-tout-très-bien, a déjà deux enfants, elle est même reine, à présent que son père est mort, et s'acquitte remarquablement de ses nouvelles charges. Il est urgent que Margaret rentre dans le rang...

Un journal populaire se met à décompter ses soupirants déclarés. La liste comporte dix-sept prétendants ; mais les mois passent et Margaret, mystérieusement, ne choisit toujours pas.

Alors, en ces années cinquante qui ne rêvent que scooters, pick-up, mambos, frigidaires et vacances romaines, en ces temps où les jeunes filles vont encore à la messe en chignon et chapeau, où elles se ruinent pour des bas nylon qui filent, des gants qui montent plus haut que le coude et de petits béguins de plumes colorées, finit par éclater la sensationnelle nouvelle : les dix-sept prétendants de Margaret ne sont que des hommes de paille ; et cela fait beau temps que la princesse a jeté son dévolu sur un héros de la bataille d'Angleterre, un *group' captain* beau comme un dieu, qu'elle aime et qui l'aime, mais qu'une obscure fatalité retient loin de ses yeux. Car l'homme est roturier et, pire encore, divorcé, avec deux enfants sur les bras...

C'est l'inconduite notoire de son épouse qui a poussé Townsend à rompre les liens du mariage. Pour autant, la position du palais est inflexible : sa situation est illégitime au regard de la religion et il est hors de question que Margaret l'épouse. Malgré la pression populaire, qui considère qu'Elizabeth, pour le bonheur de sa cadette, pourrait fermer les yeux, la reine n'en démord pas : le *group' captain* ne saurait constituer un parti convenable pour sa princière sœur.

Certains esprits, plus sagaces ou mal tournés, suggèrent que Townsend a surtout le tort d'arborer sur son uniforme un rang de décorations gagnées par d'authentiques exploits militaires, quand le prince Philip exhibe quatre fois plus de médailles qu'il doit exclusivement aux services matrimoniaux qu'il a rendus à Sa Très Gracieuse Majesté. Car il apparaît très vite que le principal opposant au mariage de Margaret avec son roturier-divorcé n'est autre que le prince consort ; et que Philip s'est découvert un allié de choix en la personne de l'archevêque de Canterbury, dignitaire extrêmement puissant et, par malheur, d'une étroitesse de vues peu commune.

En dépit d'une rassurante apparence de chien labrador, cet ecclésiastique déploya dans la crise nuptialo-princière un acharnement sans bornes. Quand il ne se consacrait pas corps et âme à ses grilles de mots croisés, le saint homme, qui avait couronné Elizabeth, employait ses loisirs à spéculer sur la conception chrétienne du mariage. Il avait péniblement rédigé sur cet auguste sujet un opuscule de vingt-neuf feuillets et n'avait toujours pas compris pourquoi on ne se l'arrachait pas dans les librairies. Susceptibilité d'auteur aidant, et bien manœuvré par Philip, l'archevêque demanda froidement aux deux tourtereaux de se sacrifier aux fins de sauver toutes les unions chrétiennes que menaçaient, d'après lui, la décadence universelle.

Mais le Royaume-Uni s'était déjà enflammé pour la romance de sa princesse. A leur tour, les foules avaient été séduites par les belles tempes grisonnantes de Townsend. Les magazines suivaient le *group'captain* à la trace, se disputaient ses confidences et rappelaient à la moindre occasion qu'il avait abattu douze avions pendant le Blitz, et qu'il avait aussi perdu un orteil dans l'affaire. Le *Daily Mirror* organisa un sondage : « Approuvez-vous, oui ou non, le mariage de Margaret avec celui qu'elle aime ? » A 96 %, les Britanniques répondirent par l'affirmative. Ce qui ne changea rien : l'archevêque et la reine firent bloc, et la souveraine demanda à Townsend de s'éloigner.

Il s'exécute et s'exile en Belgique. Après le roman sentimental, c'est la tragédie racinienne, les amants séparés par la raison d'Etat, Titus et Bérénice, façon anglaise et vingtième siècle. La princesse, de son côté, est sommée d'aller se consoler sous les cocotiers des Antilles. On va jusqu'à murmurer qu'elle s'apprête à entrer dans les ordres. Pourtant, à plusieurs reprises, elle parvient à revoir Townsend.

Le suspense se prolonge pendant plus de trois ans, tandis que de féroces polémiques continuent de déchirer les milieux anglicans : la théologie chrétienne n'est-elle pas cruelle et dramatiquement dépassée, pour interdire tout remariage à un divorcé, sauf si son ex-épouse décède ? Et du reste, la tradition de la monarchie britannique n'est-elle pas fondée sur la légitimité du divorce, puisque le roi Henri VIII provoqua un schisme religieux aux seules fins de changer d'épouse, un jour où la décapitation lui parut une méthode par trop radicale ? En l'occurrence, son archevêque à lui s'était montré singulièrement coopératif, tandis que le cul-bénit d'Elizabeth, lui, s'entêtait dans son intégrisme matrimonial.

La situation était donc bloquée. L'épouse légitime de Townsend se portait comme un charme, le couple brimé continuait à faire la une des magazines, pendant que Philip répétait à longueur d'année « Il faut marier Margaret », aussi inlassable que le Romain Caton, quand il ressassait : « Il faut détruire Carthage. » Et nul ne savait où en était la romance des amants. Jusqu'en 1958, date à laquelle Townsend publia un livre de souvenirs : à sa lecture, il fut clair qu'il avait rompu.

Le public ne put s'y résigner, il persista à croire à un *happy end*. Jusqu'en 1960, date à laquelle un sec communiqué de Buckingham annonça les fiançailles de la princesse avec un demi-inconnu, Tony Armstrong-Jones, photographe de son état, et lui aussi parfaitement roturier, sans le moindre passé glorieux, en dehors d'excellents états de services comme play-boy patenté...

Qu'à cela ne tienne, la souveraine le transforma illico en lord et, quelques mois plus tard, nonobstant une famille particulièrement prolifique en divorcés, le sémillant tireur de portraits épousa en grande pompe la princesse à Westminster Abbey. En quatre ans, deux enfants leur naquirent, David en 1961, puis Sarah en 1964. Et les journalistes oublièrent peu à peu celle qu'ils avaient surnommée « la Princesse Triste ».

Pendant une bonne décennie, on croit donc que Margaret est définitivement rangée. Belle façade : la princesse a simplement appris à déjouer l'attention de la presse ; et elle a quelque raison d'avoir choisi la prudence : dès son voyage de noces, son mariage a battu de l'aile. Comme elle peut se montrer aussi autoritaire et caustique que Tony, celui-ci a très vite retrouvé ses habitudes de play-boy. Margaret ne le supporte pas. Début 1967, à bout d'amertume et de désespoir, elle avale un cocktail d'alcool et de somnifères. Elle se réveille à l'hôpital ; un ami de son mari, Robin Douglas-Home, neveu d'un ex-Premier ministre, lui fait alors porter des fleurs. Convalescente, elle le revoit ; il devient presque aussitôt son chevalier servant.

C'est que Robin a eu un parcours curieusement symétrique au sien : follement épris de la fille du roi Gustave de Suède – elle-même prénommée Margaretha – il avait été récusé ; l'incident s'était passé deux ans après la rupture de Margaret et de Peter Townsend. Bel homme élégant et blasé, Robin a multiplié les conquêtes ; puis il a épousé un mannequin dont il a rapidement divorcé. Il joue merveilleusement du piano, écrit des romans désabusés à souhait, qui ne se vendent pas ; et il promène dans les salons des sixties des mœurs d'un autre âge, à mi-chemin entre la chevalerie médiévale et le dandysme baudelairien.

Toujours délaissée par Tony, Margaret invite de plus en plus souvent Robin dans son palais de Kensington. Un soir, elle fait le premier pas ; elle pose ses mains sur les épaules de Robin et lui souffle : « Tu es un tel réconfort. Qu'est-ce que je deviendrais sans toi, dans des moments si pénibles ? » Surpris, Robin se laisse attendrir ; et le week-end de la Saint-Valentin, dans sa maison de campagne, ils deviennent amants.

Leur liaison ne durera que quelques jours. Rentrée dans son palais, Margaret adresse à Robin, à un mois d'intervalle, deux courriers à la fois très tendres, très sincères et très cruels : il lui a permis de retrouver confiance en elle, explique la princesse ; elle est consciente de son amour, mais elle veut avant tout sauver son mariage. Avec d'autant plus d'énergie que Tony, malgré ses propres infidélités, est devenu fou de jalousie quand il a appris l'incartade de sa femme – elle a pourtant nié…

Robin est désespéré. Il essaie de joindre Margaret, mais celle-ci refuse de lui parler d'autre chose que de la propriété qu'elle vient d'acquérir à l'île Moustique… Déjà détruit par son divorce, l'amant délaissé sombre dans la dépression : « Tout le monde a quelqu'un à aimer, quand ce n'est plus le cas, il vaut mieux partir. » Dix-huit mois plus tard, en octobre 1968, il avale un tube de tranquillisants.

On ne sait rien de l'effet qu'eut sur la princesse cette surprenante tragédie. Nul n'osa l'interroger, mais dans les années qui suivirent, elle offrit elle-même tous les symptômes d'un désordre psychologique accusé. Elle fumait et buvait de plus en plus, alternait les régimes draconiens et les accès de boulimie ; enfin il y avait ses chapeaux, de plus en plus extravagants : échafaudages de tulle, plumes en cascatelles sur les oreilles, cloches tuyautées, hennins tronqués, casque de motocycliste bardé de vison, bonnets en forme de champignon atomique ou de moule à pudding… Le tout arboré avec le plus grand aplomb. Verdict d'un psychanalyste : la princesse est gravement dépressive. Le public, lui, se contente de constater que Margaret s'empâte, étouffe aussi bien sous ses minijupes que sous ses robes du soir. « Où est donc passée la princesse qui faisait rêver Townsend ? » s'exclament les journalistes ; et d'autres, encore moins charitables, ajoutent : « Mini ou maxi, de dos ou de face, Margaret est hideuse. »

Et celle-ci en remet comme à plaisir, s'affiche en robes de plus en plus courtes et transparentes, se maquille outrageusement, multiplie les fêtes et les fréquentations équivoques. On a changé de mythologie : la Princesse Triste s'est métamorphosée en Bovary quadragénaire… Il ne manque plus au tableau que le jeune aventurier en quête de bonnes fortunes. Il ne tarde pas à se présenter, en la personne d'un chanteur pop, ex-hippie et ex-paysagiste, Roddy Llewellyn. Margaret s'affiche avec lui ; l'inévitable finit par se produire : Tony demande le divorce. Effaré, Roddy s'enfuit des bras de sa princesse, non sans lâcher aux paparazzi lancés à ses basques quelques confidences scabreuses sur les fatigues d'une liaison avec une altesse particulièrement exigeante, et de dix-sept ans son aînée…

Recommence alors pour Margaret le cycle infernal des cigarettes, whiskies et petits bibis, le tout assorti, comme d'habitude, d'innombrables « prétendants », et dont le catalogue se rétrécit au fil des ans. Tony s'est remarié avec une jeunesse et exhibe fièrement le dernier-né qu'elle lui a donné ; pour comble, il entretient les meilleures relations qui soient avec la famille royale, tandis que Margaret, à l'approche de la cinquantaine, offre l'image d'une grosse dame prématurément tassée et au regard, non plus embué de larmes, comme on disait naguère, mais brouillé par l'alcool, et encore plus par l'excès de tabac. En dépit d'une hépatite, de nombreux antécédents pulmonaires et d'une hérédité peu encourageante (son père George VI est mort d'un cancer du poumon), la princesse fume jusqu'à quatre paquets de cigarettes sans filtre par jour…

Suicide à petit feu, *Boulevard du Crépuscule* à Kensington Palace. Pourtant Margaret demeure extrêmement populaire, ainsi que le prouve l'émotion qui saisit les Britanniques lors de ses deux graves accidents de santé, en 1985 pour un œdème pulmonaire et, en 1998, pour un incident cardiaque, survenu dans son paradis tropical de l'île Moustique. Car malgré ses erreurs et sa déchéance, personne n'a pu oublier sa première et triste romance ; et, au nom de cet épisode romanesque en diable, qui fit d'elle la plus grande star princière de l'ère du scooter, on lui pardonne tout. Ainsi, mieux encore que Soraya, Margaret est devenue la madone de tous les cœurs brisés, la Notre-Dame-du-Bon-Secours de la déception sentimentale. Pas une femme laissée pour compte, pas une jeune fille séduite et abandonnée par un homme marié qui ne se raccroche, un jour ou l'autre, à la légende de la Princesse triste. Et si ce mélodrame devait un jour s'achever sur un lit d'hôpital, ce sont des générations d'adoratrices qui se surprendraient à soupirer : quelle histoire à pleurer ! Mais tout de même, on n'en demandait pas tant...

« *Si j'étais un homme
je ne m'aimerais pas* »

Ava Gardner

La mangeuse d'hommes,
l'inconstante et impériale Ava,
n'oublia jamais Franck Sinatra.

Dévoreuse de vie, elle cache
son inoubliable regard vert
derrière des lunettes fumées.

Ava Gardner

« Si j'étais un homme je ne m'aimerais pas »

En avril 1989, à Londres, au début d'une nuit un peu trop douce pour la saison, une femme vieillissante, un peu ronde, attend un taxi. Il fait vraiment bon, les frondaisons de Hyde Park commencent à verdoyer. Cette année encore, il n'y a pas eu d'hiver. La femme tousse. Il est vrai qu'à soixante-sept ans, et malgré deux attaques cérébrales, elle fume plus que de raison ; et ce soir encore davantage qu'à l'accoutumée. Elle allume une nouvelle Players, vérifie une fois de plus qu'elle a bien dans son sac son billet de concert. A cet instant, ce petit morceau de papier lui est plus cher que tout. Plus précieux que l'argent, qu'elle a toujours méprisé, et même que sa santé. Elle se rend à l'Albert Hall. La salle de concerts est à deux pas, mais elle n'a pas la force de s'y rendre à pied. Frank Sinatra y donne un récital.

Le chauffeur connaît sa cliente. Elle porte invariablement la tête haute, sourit, mais on dirait toujours qu'elle cherche à se faire mal. Il la conduit sans broncher jusqu'au théâtre, une construction énorme dans le goût victorien. La femme paie la course, descend du taxi, traverse lentement l'entrée du théâtre, puis s'installe à la place qu'elle a fait réserver par l'intermédiaire d'un ami. Celui-ci a suivi à la lettre ses recommandations : un bon fauteuil d'où elle puisse tout voir sans être reconnue. De toute façon, Londres est une ville discrète : ici, personne ne l'aborde jamais.

La vieille dame a donc calé son dos usé dans son fauteuil grenat et, l'espace d'un moment, elle a oublié la douleur qui lui déchire les poumons. Elle a admiré Liza Minnelli, Sammy Davis ; mais son regard en amande, dur et bref, ne s'est allumé que lorsqu'elle a vu entrer en scène celui qu'elle attendait : Frank Sinatra.

Puis le rideau est retombé. Il y a eu des vivats, des rappels ; puis il a bien fallu quitter la salle, et ce fauteuil grenat où elle se sentait si bien. Elle est repartie comme elle était venue : en taxi. Rentrée chez elle, elle a refermé avec soin les portes de son appartement bourgeois, regagné sa chambre tendue de papier bleu à grosses fleurs, aux meubles bien cosy – ici, aucune trace de son passé. Elle a encore toussé, caressé son chien Morgan, attendu un peu, avec une sorte de volupté : elle a toujours vécu la nuit, aimé la nuit. Puis elle a composé le numéro d'un hôtel.

Cela fait un bon moment qu'elle n'a pas revu celui qu'elle appelle, mais elle sait que lui non plus ne s'endort pas très tôt. C'est un oiseau de nuit, comme elle. Quand il a répondu, d'une voix fraîche et calme, comme elle s'y attendait, elle ne s'est pas présentée. Elle a dit simplement : « Tu as une voix toujours aussi exceptionnelle, Frankie. »

Le mouvement d'étonnement de Sinatra a été bref. Les grandes surprises, dans sa vie, lui sont toujours venues d'Ava Gardner. Hemingway le lui avait répété mille fois : « Ava restera toujours superlativement femme. Femme avec tous ses caprices, sa bonté vraie ou fausse, sa perversité et son mystère. Ava, il faut l'accepter tout entière, ou la rejeter. »

Frank Sinatra n'avait jamais pu rejeter Ava. Et elle non plus, la mangeuse d'hommes, la plus terrifiante mante religieuse de Hollywood (où elles ne manquaient pas), l'inconstante et impériale Ava, qui voyait la vie comme une corrida sans fin, jetait son corps sublime aux hommes ainsi qu'un défi, elle n'avait pas réussi à oublier Sinatra. Des années après leur rupture, des dizaines d'aventures, de disputes, de retrouvailles et de nouvelles crises, ils continuaient de se chercher, de s'appeler. De se revoir, parfois.

Frank s'était remarié, elle pas – Ava ne s'était jamais déplacée pour aller signer son acte de divorce. En somme, en dépit de tout, ils continuaient de s'aimer.

Le lendemain de son récital londonien, Sinatra a repris sa tournée de crooner infatigable, et l'ancienne star, près des ombrages de Hyde Park, sa vie douillette et désenchantée de pensionnée de la MGM, entre son chien, ses cigarettes et ses bouteilles de gin. Mais elle a raconté l'anecdote à tous ses amis, avec force détails, en riant beaucoup. Simplement, comme les vraies grandes dames, elle a évité de parler du passé. Ce passé d'où venait Frankie.

Comme le disait Bogart, la vie se comporte souvent comme si elle avait vu trop de mauvais films. Sinatra avait rencontré Ava à un moment où tout allait mal dans sa vie ; lui qu'on avait surnommé « La voix » n'arrivait plus à chanter. Il n'avait pas trente-quatre ans et on disait qu'il avait perdu le timbre qui avait fait son succès. Après l'avoir adulé, les critiques l'éreintaient. Il avait dégringolé dans tous les hit-parades, il commençait à se produire devant des salles à moitié vides. Il y eut même un spectacle où il ne put sortir une note sur scène. Il bredouilla une vague excuse et s'éclipsa dans un silence de mort. Il se crut fini. C'est à cette époque-là qu'il rencontra Ava. Dès qu'il la vit, il eut le même réflexe que ses deux précédents maris : il proclama : « Je la veux. »

C'était ainsi depuis le début. Foudroyante Ava, on la voyait, on la voulait, telle était sa fatalité. Tout avait commencé le jour où le hasard d'un bout d'essai l'avait propulsée sous les sunlights de la MGM. Immédiatement, on lui avait proposé le rôle évident d'une femme fatale, de *siren*, comme on disait à Hollywood : dans l'instant, il était apparu qu'elle était porteuse du même maléfice qu'un océan trompeur. Femme à histoires, femme à drames : quoi de mieux pour le cinéma ? Dans la vie, bien entendu, ce serait sans doute une autre affaire ; mais justement, avec un tempérament pareil, on serait sûr qu'elle ferait parler d'elle ; et qu'ainsi d'actrice elle se transformerait en star…

Les producteurs avaient vu juste : dès son arrivée sous les sunlights, la vie amoureuse d'Ava n'avait plus été qu'une longue suite d'orages. Ava, face à un homme qui la voulait, commençait toujours par ne pas vouloir. Puis elle voulait bien, et l'instant d'après elle ne voulait plus. Voulait encore, se refusait, se donnait à nouveau, se volatilisait avec un autre homme, peut-être un troisième, peut-être avec personne, allez savoir… Et elle revenait à l'improviste, déboulait sans une excuse, pour s'évanouir à nouveau, avant de réapparaître tout aussi impromptue pour des scènes de jalousie qui faisaient trembler les villas, les motels où elle retrouvait ses amants.

Tout était dangereux avec Ava, rien n'était anodin. Elle s'asseyait à la table d'un restaurant, disait qu'elle voulait se laver les mains, qu'elle reviendrait dans cinq minutes, et on ne la revoyait pas de la semaine… Ava, comme on disait, était un cas. Mais un cas pour lequel on aurait fait n'importe quoi. On aurait mis le monde à ses pieds (nus : elle détestait les chaussures). Bijoux, robes, cadeaux de toute sorte, qu'elle foulait allègrement de ses ravissants orteils.

Ainsi Mickey Rooney, son premier mari, s'était épuisé en plaisanteries, en grimaces, en contorsions insensées, avant d'obtenir d'elle un premier baiser. Contre toute attente, et comme dans un conte de fées, la déesse d'un mètre soixante-dix avait épousé, en 1942, le nabot. Il est vrai qu'il était alors l'homme le plus célèbre de Hollywood. Quelques mois durant, le temps de leur mariage, Ava s'acharna, devant les objectifs, à ne pas paraître plus grande que lui. Puis elle apprit que le nabot la trompait. Alors quelque chose se cassa en elle – à jamais.

Ne plus donner. Ne plus montrer. Ne plus aimer. Ava quitte Mickey en lui jetant un encrier à la figure. Puis elle divorce. Tout en s'affichant avec d'autres hommes. Même scénario, à perte de vue : on la voit, on la veut. Elle découvre simultanément le pouvoir de sa vénéneuse beauté et le vide sur lequel elle débouche. Conjonction rarissime d'une intelligence exceptionnelle et d'un physique somptueux, elle est dotée de surcroît d'une lucidité, d'une clairvoyance sur les êtres et sur les choses qui la conduit très tôt à boire. Posément, obstinément.

A vingt ans, les paupières d'Ava ont déjà perdu la ligne claire de la jeunesse. Ce petit morceau de peau meurtrie, qui aiguise encore son regard en amande, le rend plus intense et plus vert ; sa beauté en paraît plus humaine. Du même coup, les femmes en oublient de la jalouser : dans l'œil trop tôt meurtri d'Ava, toutes, jeunes ou vieilles, belles ou laides, déchiffrent leurs propres douleurs – celles que jamais elles n'arriveront à avouer.

C'est alors qu'Howard Hughes, l'homme le plus riche d'Amérique, déboule dans la vie de la star. Il voulait le premier rôle ; elle le contraignit à jouer les utilités ; elle continuait d'attendre l'amour, elle ne découvrit avec lui que la comédie de l'amour. Mais au total, elle eut l'essentiel : elle ne s'ennuya pas.

Howard Hughes était d'abord allé au plus simple, au plus facile, à l'argent : deux cent cinquante mille dollars en coupures de mille dollars dans une boîte à chaussures, en guise de prime si elle acceptait de tourner un film pour lui seul. Ce fut lui qui disparut sous la pluie de billets. « Je lui ai dit de remballer son fric ! S'il voulait un contrat, il n'avait qu'à faire comme les autres, s'adresser à mon agent. »

Le milliardaire ne désespéra pas. Son avion vint répandre une averse de fleurs sur la villa d'Ava. Puis il la couvrit de bijoux, l'emmena des dizaines de fois en vacances au Mexique. Ava devint capricieuse. En pleine période de restriction alimentaire, elle exigea un jour, à titre de preuve d'amour, une friandise alors introuvable : de la crème glacée à l'orange. Quelques heures plus tard, on lui livrait une énorme jatte dudit sorbet... « Howard Hugues était collé à moi comme un pot de mélasse », raconta-t-elle ensuite, « impossible de m'en débarrasser ». Mais cela faisait longtemps maintenant qu'elle avait décidé qu'elle n'aurait plus aucune attache. L'amour n'était plus qu'un test, une manière de vérifier que tout ici-bas n'est que cendres ; pessimiste et joyeuse, coléreuse et imprévisible, elle soumit Hughes à sa méthode habituelle, s'ingénia à l'envoûter puis à brouiller les pistes. A ce régime, Hughes finit par craquer. Un jour, il crut bon de la gifler. Elle l'assomma d'un cendrier de cuivre...

Puis, en 1945, son chemin croisa celui d'Artie Shaw, chef d'orchestre en renom. Dès leur voyage de noces, il se mit en tête de lui faire lire Marx et Freud. A la première dispute, il parla de névrose et conduisit Ava chez un psychanalyste. Elle se laissa faire quelques mois, songea à s'inscrire à l'université puis se sauva, persuadée qu'elle était sotte et que sa beauté était une fatalité inexpiable.

Car elle ne l'aimait toujours pas, cette beauté ; et c'est la première chose qu'elle dit à Sinatra quand il commença à lui faire la cour. « Si j'étais un homme, je ne m'aimerais pas. »

Sinatra habitait alors en face de chez elle. Pendant des semaines il lui cria son nom, tous les matins, depuis sa fenêtre. Ava ne lui répondit jamais. Ce n'était même pas du mépris : toute sa vie, elle fut ainsi, ne voyant que ce qu'elle voulait voir, n'entendant que les mots qui lui semblaient donner un sens à un monde qui lui en paraissait totalement dépourvu. Et puis, un soir où elle avait beaucoup bu, elle se mit brusquement à s'intéresser à lui.

Il était maigre, comme elle, et comme elle doué d'un appétit féroce. Comme lui, Ava jurait et buvait presque autant. Ils adoraient tous les deux les sports violents ; pour Frank, c'était la boxe, pour Ava, déjà, les courses de taureaux. Ils étaient aussi jaloux l'un que l'autre, également irascibles. Leurs représailles étaient identiques : instantanées, foudroyantes ; et d'une cruauté sans bornes.

Commença alors le face-à-face de deux jeunes panthères dures et gourmandes, animaux habitués à laisser le désastre derrière eux. En dehors de l'alcool et du sexe, Ava et Frankie n'aimaient que la nuit. Qui serait le plus fort ?

Ava partait avec un gros handicap : Sinatra était marié, italien, catholique et père de trois enfants. Elle n'avait pour elle que son goût de l'indépendance et cette beauté qu'elle détestait. Elle voulut l'épouser. Il tarda à divorcer. Ava s'afficha avec d'autres Italiens, si possible secs et nerveux, comme lui. Il menaça, tempêta. Elle hurla encore plus fort. Lorsque leurs amis partaient en week-end avec eux, ils savaient qu'ils devraient immanquablement subir un ou plusieurs de ces ouragans. Au début, ce fut, un peu banalement, de la vaisselle et des meubles brisés. Puis il y eut cette soirée où Ava jeta par la fenêtre un bracelet d'or offert par Howard Hughes. Le bijou valait une fortune. Elle ne le retrouva jamais. Enfin, une autre nuit, un piano, par on ne sait quel mystère, passa par la fenêtre d'un premier étage.

Les armistices étaient toujours annoncés par le même signal : Ava s'aspergeait de parfum et, comme pour chasser les miasmes de la dispute, en vaporisait jusque dans les couloirs et les cages d'escalier.

Dans ces conditions, leur liaison ne tarda pas à devenir publique. Mais elle ne profita qu'à Ava : elle obtint régulièrement la « une » des magazines hollywoodiens, avec des gros titres qui résumaient parfaitement la sympathie amusée du public : « Ils se battent par amour ! » « Cessez le feu ! » Et le déclin de Sinatra continuait. Les disputes se multiplièrent. Un soir, il appela Ava, qui, avec sa perversité coutumière, était allée rejoindre son second mari, Artie, pour aiguiser sa jalousie. Quand elle décrocha, Frank lui dit qu'il voulait simplement lui dire au revoir. « Où vas-tu ? » demanda aussitôt la possessive Ava. « Je peux venir avec toi ? – Pas où je vais », rétorqua Sinatra.

Ava entend alors deux détonations. Elle se rue sur le téléphone, appelle la police, les pompiers. Ils se précipitent chez Sinatra qui leur ouvre avec la plus parfaite tranquillité – il avait tiré dans un matelas et l'avait déjà remplacé. Il jura aux policiers qu'Ava avait tout inventé…

Afin d'endiguer l'accumulation des scandales, la MGM prit alors l'affaire en main. Elle obtint d'Ava qu'elle parte en Espagne pour le tournage de *Pandora*. Elle tomba très vite dans les bras de son partenaire, le torero Mario Cabre, qui se répandait pour elle en déclarations d'amour publiques et versifiées. Sinatra l'apprit. Il en perdit la voix, au sens propre. « Aphonie hystérique », diagnostiquèrent froidement les médecins. Sitôt rétabli, il décida de la rejoindre en Espagne. Il était au plus bas. Il avait fini par se résoudre à divorcer d'avec Nancy, sa première femme. Celle-ci faisait traîner la procédure. Il devenait de plus en plus agressif, rudoyait ses musiciens, agressait les journalistes. Il ramena Ava aux Etats-Unis mais, peu après leur retour, une nouvelle et plus terrible dispute opposa les amants, à l'issue de laquelle Sinatra fit une première tentative de suicide.

Il s'en remit assez vite. Dès qu'il eut obtenu le divorce, il prit ses dispositions pour épouser Ava. Il était persuadé que le mariage assagirait la belle panthère. La veille du grand jour, tout était fin prêt, quand Ava jugea que Sinatra s'intéressait de trop près à une jolie femme rencontrée dans une boîte de nuit. Elle lui jeta sa bague de fiançailles au visage et décida de tout annuler.

Commentaire des amis qui avaient organisé la cérémonie : « Entre ces deux-là, c'est comme en Corée, ils n'arrêtent pas de se battre et ça ne mène nulle part. » Après avoir déployé des trésors de diplomatie, ils parvinrent toutefois à réconcilier les deux amants. Ils se marièrent quelques jours plus tard, le 7 novembre 1951.

« Nous avons surmonté à présent toutes les crises », commenta Frank. Ava souriait sans piper mot derrière son étole de vison bleu. Frank l'emmena en voyage de noces à Cuba, à l'hôtel Nacional, dont la rumeur voulait qu'il appartînt au syndicat du crime. Ce n'était pas pour déplaire à la star. Car s'il était repu de violence, elle, Ava, continuait d'appeler de ses vœux toutes les aventures. Et les orages. Qui, pour sa plus grande satisfaction, revinrent très vite pimenter sa vie.

Elle n'eut même pas d'effort à faire : par un simple effet mécanique, la célébrité s'en chargea. Honneur suprême à Hollywood, on lui demanda d'apposer l'empreinte de ses pieds et de ses mains dans le ciment frais du Théâtre Chinois. Sinatra devint de plus en plus jaloux et se mit à s'étioler. Dans un premier temps, elle composa, signa ses autographes « Ava Sinatra », serina que son mari était un grand artiste incompris ; puis, avant de partir pour l'Afrique tourner *Mogambo*, elle alla supplier la femme du président de la Columbia d'intervenir pour donner à Frankie le rôle dont il rêvait dans *Tant qu'il y aura des hommes*. Elle eut gain de cause, Sinatra obtint le rôle. L'intuition d'Ava était juste : il retrouva aussitôt le chemin du succès.

Du même coup, il redevint ce qu'il était avant de rencontrer Ava : un gagnant. Il n'arrêtait pas de répéter qu'il était fou d'Ava, qu'elle était la plus belle femme du monde, mais en privé il avait retrouvé son naturel, celui d'un macho et ignorait ouvertement qu'il devait son triomphe à sa femme. Ava, en apparence, ne s'en formalisa pas, mais elle reprit ses vieilles habitudes : elle recommença à aller et venir, à tempêter et disparaître, à refaire surface en jouant les chattes amoureuses, à colérer et à se volatiliser.

Avec qui ? Sinatra ne parvenait jamais à savoir ce qu'elle faisait de ses nuits. Le cycle infernal de la jalousie reprit de plus belle, cris, alcool, voisins qui appellent la police, chambres d'hôtel saccagées, larmes, coups, réconciliations sur l'oreiller, l'ordinaire, en somme, de la vie d'Ava, et ce fut elle qui prit l'offensive pour recouvrer sa légendaire indépendance : elle demanda le divorce. Sous un prétexte futile, qui ne trompa personne : une photo où Sinatra avait paradé en compagnie de deux plantureuses beautés. Elle ne demandait rien, ni pension alimentaire ni la moindre indemnité, elle ne réclamait que sa liberté. Sinatra fit tout pour la convaincre de renoncer. Il eut des gestes tragiques, tenta à nouveau de se suicider et se montra carrément puéril le jour où, sur le tournage de *La Comtesse aux pieds nus*, il lui fit parvenir en Europe son gâteau préféré, une friandise à la noix de coco. Lauren Bacall avait été chargée de cette délicate mission. De taxi en avion, sur plusieurs milliers de kilomètres, Bacall avait traîné le paquet comme la relique du Saint Suaire. Quand elle le présenta à Ava, celle-ci lui désigna une table où le poser, n'eut pas un mot de remerciement et ne défit jamais le paquet.

On prétendait maintenant que Sinatra, à cause du martyre qu'Ava lui faisait endurer, était au zénith de son talent. Ava n'en avait cure ; et elle n'était pas davantage émue par les compliments qu'on multipliait sur son propre génie d'actrice. Quand on l'assurait qu'elle n'avait jamais été aussi bouleversante, elle répondait qu'elle n'aimait pas le cinéma, qu'elle s'y ennuyait à périr, et qu'elle n'était douée d'aucun talent particulier : « Je me contente d'être belle, et c'est tout. » Elle était sincère. Rien ne l'intéressait, à ce moment-là ; rien sauf l'Espagne. Elle avait décidé de s'y fixer car elle y avait découvert son élément, une nuit vénéneuse où les hommes paraissaient plus violents, où l'alcool, qu'elle engloutissait sans y prendre plaisir, semblait enfin avoir un peu plus de goût. Elle n'avait pas trente ans, elle avait déjà renoncé au bonheur : depuis Sinatra, elle avait compris qu'elle serait toute sa vie inassouvie et torturée. Parce qu'elle se voulait femme de l'instant, elle avait relégué Frank dans un passé qu'elle souhaitait irréversible.

Bien entendu, il y avait un homme au fond de sa nuit espagnole, il s'appelait Dominguin, il était torero. Il connaissait tout ce qu'elle aimait, le sang et le danger. En somme, il y avait encore tant et tant à souffrir en Espagne. Et tant d'hommes à faire souffrir aussi, pour oublier cette beauté qui faussait constamment le jeu et qu'elle portait comme une croix.

« Au moment même où mes pieds ont foulé le sol de l'Espagne, j'ai su que cette terre me fascinerait. Ne me demandez pas pourquoi, je ne saurais l'expliquer. Je me suis sentie chez moi, un point c'est tout. L'Espagne m'a changée à l'intérieur. En Espagne, tout ressemble à un conte devenu réalité. Les gens sont joyeux, ils me semblent sortis d'un livre. En Espagne, personne ne vieillit. »

La passion espagnole d'Ava Gardner est tout entière résumée dans cette déclaration. Amours d'un soir au bras d'un torero, corridas, mambos et Cadillac, telle est l'image facile que la presse à sensation a contribué à répandre sur ces années brûlantes. La passion d'Ava pour l'Espagne était infiniment plus profonde. D'abord parce qu'elle s'était confondue, à l'origine, avec le tournage d'un scénario flamboyant, où elle avait cru – à juste titre – qu'elle allait enfin montrer son âme : *Pandora*.

C'était au temps où elle voulait à toutes fins épouser Sinatra, mais où celui-ci traînait les pieds et s'embourbait dans les méandres d'un divorce interminable. A bout de patience, Ava avait quitté les Etats-Unis : elle escomptait que l'éloignement, en attisant la jalousie de Frankie, accélérerait la procédure. Elle espérait aussi, comme chaque fois qu'elle voyageait, que la découverte d'un pays inconnu la distrairait quelques jours de la sensation de vide qui la poursuivait depuis que Hollywood l'avait transformée en star. Elle était partie la dérision au bord des lèvres ; et pourtant enthousiaste, prête à toutes les aventures. Mais certaine d'avance de la fin de l'histoire : ce pays-là, pas davantage que les autres, ne pourrait être le sien. La fin de ce tournage, comme le matin dans un lit défait, déboucherait toujours sur la même évidence : elle était en croisière sur l'océan des apparences.

Pourtant, cette fois, un miracle eut lieu. En tout cas, tel est le mot qu'eut Ava, à l'époque, quand on lui demanda d'expliquer son coup de foudre pour l'Espagne : « Ici, à chaque coin de rue, il est encore possible de rencontrer le miracle, autrement dit un être humain. »

La Costa Brava était encore épargnée par la lèpre touristique, l'Espagne autarcique du franquisme accréditait l'idée d'une terre pure et dure, protégée des méfaits du monde moderne. D'un seul coup, le temps lui parut arrêté, et la terre assez grande pour son envie de vivre. Ava commença, bien sûr, en Américaine qu'elle était, par se griser d'exotisme facile, par s'extasier sur tout, la couleur de la mer, la légèreté de l'air, la pureté du ciel, les mantilles, les séguedilles et, par-dessus tout, sur les hommes qui ne cessaient de se retourner sur son passage pour lui signifier toute leur admiration.

Ava avait pris au Mexique le goût des corridas ; l'une des raisons pour lesquelles elle avait accepté le scénario de *Pandora* était une séquence qu'elle devait tourner aux arènes. Le rôle du matador avait été confié à un homme singulier, Mario Cabre, torero et poète. Elégant, un brin dandy, d'une politesse impeccable, celui-ci mettait son point d'honneur à cultiver parallèlement quatre passions : l'écriture, la tauromachie, le théâtre et les belles étrangères. Sans être le meilleur torero d'Espagne, il était l'un des plus populaires. Il avait déjà séduit plusieurs beautés internationales, auprès desquelles il s'était signalé par les vers brûlants qu'il leur avait dédiés.

Il n'était pas sur les plateaux qu'il prit feu et flamme pour Ava. Il crut bon de lui appliquer la méthode versifiée et chantante qui avait fait ses preuves auprès de ses conquêtes précédentes. Il passa plusieurs nuits à chanter des sérénades sous ses fenêtres, tout en s'arrangeant pour qu'un photographe soit présent dans les parages, afin que nul n'ignorât rien de ses exploits amoureux.

Ava ne connaissait pas la langue de Cervantes, Mario ne savait de l'anglais que des phrases fiévreusement apprises dans son dictionnaire de poche. Mais il était mince, nerveux, avec de larges épaules et une taille fine, l'image idéale du *latin-lover* tel que l'aimait Ava. En un rien de temps, son savoir-faire eut raison des barrières linguistiques. L'idylle ne dura que six jours. Ava conserva de Mario le souvenir un peu flou d'un amant « charmant » – c'est le seul mot qu'elle eut sur lui. Lui, Mario, ne s'en remit jamais. Il écrivit pour elle un recueil de poèmes qu'elle ne lut pas, faute de connaître l'espagnol. Il n'eut plus jamais de nouvelles de sa déesse, pas même une carte postale ni un coup de téléphone. Tout se passa comme si ces six nuits, qu'il se remémorait trente-cinq ans plus tard avec la précision d'un agent du cadastre, n'avaient jamais existé. Au lendemain de la mort d'Ava, à demi paralysé par une attaque cérébrale, il la racontait encore : « J'étais amoureux fou. Ça a été très beau des deux côtés. Très beau tant que ça a duré. Nous étions dans la chambre, nous fermions les rideaux et les oreillers se transformaient en nuages… »

Il préférait oublier qu'Ava, presque aussitôt, était partie transformer en nuages les oreillers d'autres mâles… Sinatra d'abord, et surtout un torero infiniment plus célèbre et beaucoup plus dangereux, car lui seul réussit à se confondre avec la passion qu'Ava vouait déjà à l'Espagne : Luis Miguel Dominguin.

Contre son torse constellé de cicatrices, il avait déjà pressé tant de jolies poitrines qu'on l'avait surnommé « le matador des jolies femmes ». Dominguin savait presque aussi bien leur parler que se dérober aux cornes des taureaux. Cultivé, élégant, il savait les faire rire et laisser tomber des déclarations romanesques à souhait qui réduisaient, dans l'instant, leurs ultimes résistances. En bon macho, il aimait à prétendre que les cicatrices qui couturaient son corps n'avaient pas toutes été reçues dans l'arène, et qu'il en était certaines, secrètes et plus glorieuses, qu'il avait reçues au sortir d'un lit, de la main de femmes aussi jalouses qu'enamourées.

Mais la tauromachie et le donjuanisme sont deux sports exigeants, qui réclament chacun autant de vigilance, d'entraînement et de souplesse. Il fallut choisir. Au moment où il rencontra Ava, depuis une dizaine de mois, il s'était éloigné des arènes. Il fut présenté à Ava par le patron du célèbre bar Chicote, « la chapelle Sixtine du cocktail », selon le mot d'Hemingway. Ava y venait souvent boire des Manhattan et plus souvent encore de la tequila, rare à l'époque sur le sol espagnol. Elle la consommait à la mexicaine, en léchant d'abord du sel répandu sur sa main, puis elle suçait un citron vert, et avalait l'alcool cul sec.

Ava était encore mariée, au faîte de sa gloire. Dominguin était au mieux de sa forme, mince et musclé, et comme toujours à l'affût. Le premier moment d'éblouissement passé, il comprit qu'Ava était épuisée par les brutalités de Sinatra. Il lui fit une cour à l'espagnole, en multipliant les égards et les préventions. Ava se laissa séduire. Elle se croyait la plus forte. Elle déclarait à qui voulait l'entendre : « J'aime Dominguin, il a tant besoin de moi ! »

Commença alors une existence étrange, entre des chambres d'hôtel et des comptoirs de bar, des heures intenses et sensuelles, sans autres échanges réels que l'alcool et l'amour physique. « Une vie de baisers et de champagne », comme la définit plus tard Dominguin. « Notre relation était électrique, violente. Nous donnions l'impression que l'un allait dévorer l'autre. Ava était une femme insatiable et d'une vitalité étonnante. Je menais, par bonheur, une vie sportive et saine, ce qui me donnait un appétit féroce. J'aurais avalé n'importe quoi. Un cheval, un char d'assaut, n'importe quoi. Malgré tout, Ava arrivait quand même à m'épuiser : elle ne dormait jamais. Elle était toujours prête à jouir de la vie. Elle ne s'endormait que vers cinq heures du matin. A sept heures, il fallait qu'elle soit prête pour se maquiller. Nous prenions le petit déjeuner ensemble. Elle commençait sa journée par deux verres de Martini et partait au travail. Je me rendormais. Elle était infatigable. En une heure, elle pouvait récupérer toutes ses forces. »

Dominguin n'était guère plus brillant en anglais que son prédécesseur Mario Cabre : il ne baragouinait pas mieux qu'un vendeur de pacotille à l'entrée de l'Alhambra ; quant à Ava, elle ne faisait pas le moindre effort pour se perfectionner en espagnol. Lui et elle n'étaient sûrs que d'un point : ils ne pouvaient plus se passer l'un de l'autre. Sinatra l'apprit et eut le mauvais goût de s'en formaliser ; il leur fallut à tout prix se cacher. A cette seule idée, Ava sentit décupler ses ardeurs amoureuses. La confrontation entre le mari et l'amant devint inévitable.

Elle eut lieu le jour de Noël, à Madrid, où Dominguin et Ava étaient rentrés après le tournage de *La Comtesse aux pieds nus.* Sinatra s'avança fièrement vers le torero. Dominguin affronta son regard avec encore plus de hauteur. Tous les témoins s'attendaient au pire. Il n'en fut rien. Frank détourna les yeux. Il était vaincu.

Peu après, Ava fut atteinte d'une crise de calculs rénaux et fut hospitalisée. Dominguin obtint de partager sa chambre à la clinique et fit venir un interprète en la personne d'Ernest Hemingway. L'écrivain demanda à Ava si la liaison avec Dominguin était sérieuse puisqu'elle n'avait même pas cherché à briser les barrières linguistiques qui les séparaient. « Comment veux-tu que je le sache ? » s'exclama Ava. « Nous n'avons pas pu encore communiquer ! » Hemingway eut alors un sourire fin et rétorqua : « Ne t'inquiète pas. Je crois que, pour l'essentiel, la communication est déjà faite. »

L'auteur des *Neiges du Kilimandjaro* avait vu juste. Et il prévoyait aussi la suite du scénario : dans sa terreur d'affronter le vide de son existence, Ava était irrésistiblement attirée par la violence des *latin-lovers*, mais, tout aussi irrésistiblement, elle était vouée à les détruire. Ainsi qu'Hemingway l'avait pressenti, à la première résistance de Dominguin, éclatèrent des disputes effrayantes, avec des cris, des coups, des gestes théâtraux. « Ava est la seule femme que j'aie dû frapper », confia Dominguin. « La première fois, c'était à Rome. Encore un de ses caprices. Elle voulait sortir. J'étais fatigué, je l'ai obligée à rester. Elle a insisté et j'ai caché la clef. Quelques minutes plus tard, une domestique affolée est arrivée en criant qu'elle s'était suicidée. J'ai couru au jardin et je l'ai trouvée accrochée à une grille. Elle avait voulu sauter. Je l'ai libérée et j'ai voulu la protéger, la rassurer. Elle m'a repoussé. J'ai explosé, je l'ai giflée. Le lendemain, elle avait tout oublié. Une autre fois, à Las Vegas, je l'ai également frappée. Ça l'a calmée, elle s'est presque immédiatement endormie et nous n'en avons jamais reparlé. » Et Dominguin conclut avec une lucidité qui aurait enchanté Hemingway : « Ava avait une force qui n'avait d'égale que sa beauté. C'était une excellente personne, seulement elle était mauvaise avec elle-même. »

Car au bout de quelques années, dans cette Espagne qu'elle adorait, malgré les compliments des hommes, malgré les fiestas, les nuits à danser et à boire – ou peut-être à cause d'elles –, Ava s'aperçut qu'elle se détestait chaque jour davantage. Aux femmes qui s'extasiaient sur sa silhouette inchangée, son regard toujours aussi aigu, sur son teint que le soleil n'arrivait pas à gâter, elle répliquait immanquablement l'une des premières expressions espagnoles qu'elle ait réussi à retenir : « *Qué barbaridad !* » (« Quelle exagération ! »). Et elle ajoutait que c'étaient elles, ses admiratrices, qui étaient vraiment belles.

Car, c'était désormais une affaire entendue : Ava ne s'aimerait jamais, tant qu'elle n'aurait pas trouvé dans un homme son parfait jumeau, un autre fauve insomniaque et jouisseur. Jusqu'alors, elle ne l'avait approché qu'en Sinatra.

Elle renoua avec lui. Cela se passa un soir, à la fin des années cinquante, on vit Ava, sans crier gare, courir jusqu'à l'hôtel où il était descendu. Sinatra l'avait appelée, il tournait un très mauvais film, il se sentait seul et triste dans sa chambre d'hôtel. On ne se souvient plus, à Madrid, si Ava arriva nue sous une fourrure ou si elle portait, comme c'est plus vraisemblable, une chemise de nuit sous son manteau de vison blanc. Dans tous les cas, elle n'était guère habillée ; et on sait aussi que la nuit fut très bruyante. Le lendemain matin, dans sa cabine de maquillage, Sinatra eut le plus grand mal à cacher des traces de griffures, et ce qui ressemblait étrangement à un œil au beurre noir…

Ava l'avait à nouveau repoussé, comme elle repoussait de plus en plus souvent Dominguin, à sa manière, sans préavis. Un autre avait pris la suite, Walter Chiari, acteur italien, *latin-lover* lui aussi, et qui la faisait rire, comme Mickey Rooney naguère. Ava n'eut de cesse que de le faire rompre avec la belle Italienne dont il était épris, Lucia Bose. Elle redoutait tellement la jeune Lucia qu'elle avait dit à son précédent amant, Dominguin : « C'est la seule femme que je ne te présenterai jamais. » La curiosité du torero fut piquée au vif. Alors qu'Ava était à Rome, dans les bras de Walter Chiari, le hasard voulut que Lucia Bose fût au même moment à Madrid. Dominguin la rencontra et lui proposa presque aussitôt le mariage. Lucia résista. Dominguin s'acharna. Lucia Bose finit par lui céder. « Nous avons vécu un incroyable chassé-croisé », raconte-t-elle. « Ava n'était pas très amoureuse de Dominguin. Elle était éblouie par l'habit de lumière, l'aura qu'il y avait autour de lui. D'ailleurs, elle n'a pas été fâchée lorsqu'il lui a dit qu'il m'épousait. Elle a dit en riant : "Tu vois bien, je te l'avais prédit !" »

Avec Walter Chiari, Ava semblait fixée ; il battit d'ailleurs tous les records de longévité dans les bras d'Ava. Mais elle finit aussi par le quitter pour une cohorte d'amants, célèbres ou inconnus, pris pour un soir ou pour un mois, gitans gratteurs de guitare ou soldats américains en goguette dans les bars de Madrid, jeunes toreros ou écrivains fauchés, aristocrates, milliardaires, voire play-boys prestigieux, comme l'Aga Khan ou Porfirio Rubirosa. Auprès d'eux, Ava tentait simplement d'oublier qu'elle était une femme meurtrie ; et l'amour n'était plus pour elle qu'une façon, comme l'alcool, de nier la vanité de l'existence. Un de ses éphémères amants eut du reste à son sujet un commentaire explicite : « Ava ne peut pas davantage s'empêcher de séduire qu'un éléphant ne peut s'empêcher d'être gros. »

Mais, avec les années, sa peur du temps qui passe tournait à l'obsession. Pendant le tournage de *L'Ange pourpre*, elle déclara à Dirk Bogarde : « Chaque mot que nous prononçons, à peine jailli de nos lèvres, est déjà un adieu. Avant de mourir, nous mourons des milliers de fois. » D'où ses nuits consumées dans l'alcool et la fête – jusqu'à cinq jours d'affilée : dans son indomptable fierté, Ava entendait se détruire elle-même, avant même que les années n'attaquent sa légendaire beauté. Tête haute et pieds nus, sans maquillage malgré ses poches sous les yeux, elle s'obstinait à boire, danser, faire l'amour avec le premier beau garçon qui passait sous son nez. Les Espagnols lui pardonnaient tout. Ils la prenaient pour ce qu'elle était, une étrangère inquiète, venue chercher sur leur sol l'humanité qu'elle avait perdue sur les plateaux de Hollywood. Et il leur arrivait aussi de se reconnaître dans sa manière de porter si haut le désespoir, jusque dans sa manière de danser le flamenco, avec la même présence que lorsqu'elle incarnait les personnages d'Hemingway : toujours entre plaisir et douleur, une allégorie du désir tendu jusqu'à l'extrême.

Mais avec l'Espagne comme avec ses amants, ce fut Ava qui se lassa la première. Les paparazzi ne cessaient de la traquer et elle détestait de plus en plus l'image que les journalistes lui renvoyaient d'elle. Le malentendu était entier. « Je ne suis pas une vamp débordante de vie », tentait-elle de se justifier, « mais une femme triste et mécontente d'elle-même ». Personne ne la croyait : elle était encore si belle… Cependant, un jour où elle s'amusait à jouer les femmes toreros dans l'arène privée de son ami Peralta, elle eut la joue abîmée par la corne d'un taureau. Des semaines durant, elle pensa qu'elle serait défigurée et prit enfin conscience de sa fragilité : « Si je perds ma beauté, je perds tout », ne cessa-t-elle alors de répéter. Puis, une fois rétablie, elle serina à ses amis que les toreros n'étaient plus ce qu'ils étaient, et les taureaux non plus d'ailleurs. Elle tenait beaucoup moins bien l'alcool. A l'aube de ces années soixante, on la vit parfois ivre.

Alors, dans un de ces coups de tête qui n'appartenaient qu'à elle, elle décida, en 1965, de s'installer à Londres. Elle ne voulut pas se justifier. C'était sans doute le sursaut de la survie. « Si je n'ai pas le bonheur, qu'on me laisse au moins ma misère », jeta-t-elle, superbe, au moment de son départ. « Que m'importe le soleil, je ne le vois jamais. Je préfère la nuit. Elle me tient compagnie. Elle m'éclaircit les idées. »

Avec sa dignité habituelle, Ava ne se retourna jamais sur son passé espagnol. Pas davantage qu'elle ne s'apitoya sur elle-même à l'approche de la vieillesse. « Vous ne me trouverez jamais en train de pleurer devant mon miroir… Je n'ai jamais appelé mon agent parce que j'avais pris une overdose de tranquillisants, jamais couru chez mon psychiatre pour un oui ou pour un non. Par les temps qui courent, c'est une sorte d'accomplissement, non ? »

De loin en loin, pourtant, elle rêva tout haut de revenir en Espagne et d'y acheter une maison. Elle disait qu'il fallait qu'elle soit située près de la mer ; et tout le monde comprenait alors que c'était la mer qui l'intéressait, davantage que la maison. Sans doute parce que Ava, malgré toutes ses vicissitudes, était restée la même, la légendaire Pandora. Parler de la mer, c'était sa manière à elle de suggérer qu'elle n'était déjà plus de ce monde, qu'elle s'apprêtait à rejoindre enfin son jumeau exact, le navigateur fantôme du scénario, éternel nomade, prisonnier comme elle d'un monde trop étroit, et déchiré de la même façon entre la grandeur d'âme et les exigences secrètes du désir.

Séduire était son métier

Marilyn Monroe

Un lit pour rêver… un lit pour mourir,
à trente-sept ans. « La gravité finit
toujours par vous rattraper. »

Arthur Miller, l'homme
qui aurait pu la rendre heureuse
et qu'elle appelait « papa », disait :
« Elle était toute la vérité…
un blanc faisceau de vérité. »

Marilyn Monroe
Séduire était son métier

Son image incrustée dans nos rétines demeure la figure idéale qu'adulaient les hommes des fifties : la Blonde toujours gaie, déesse moderne du sexe qui laisse entendre, entre ses yeux mi-clos et dans un éclat de rire, que l'amour avec elle a le goût du champagne. Mais la mort est venue, sordide et mystérieuse ; plus déplacée que pour n'importe quelle star, tant la présence de Marilyn, en public comme en privé, avait été intense, violente jusqu'à l'incandescence.

S'en est suivi un tombereau de biographies, de confessions, d'enquêtes, à l'affût du moindre ragot, de la plus infime confidence qui pourrait enfin permettre de comprendre le mystère Marilyn. Sans compter les psychanalystes à la petite semaine, d'autant plus sûrs d'eux-mêmes que l'ex-Norma Jean Baker était un cas freudien d'une évidence rare, qui la fascinait elle-même. Déballage sans précédent, dont les épisodes douloureux ont fini par constituer dans l'imaginaire mondial une sorte de martyrologe emblématique du destin des stars, aussi figé dans son déroulement que le chemin de croix : Marilyn née d'une mère folle et d'un père volage, Marilyn abandonnée, violée, mal mariée, exploitée, Marilyn posant nue, proie fragile d'Hollywood, des barbituriques, de l'alcool, Marilyn détruite par ses maris, par ses amants, la machinerie impitoyable de l'usine à rêves.

Marilyn victime ? Rien n'est moins sûr. Tous les témoins de sa vie ont souligné à quel point Marilyn voulut être, et demeura, le maître d'œuvre de cette image parfaite de la séduction qu'elle imposa au monde, comme elle entendit rester, dès ses premiers succès, libre de ses amours, de ses bonheurs comme de ses tragédies. Elle a fabriqué son image, elle a délibérément choisi ses hommes. Si elle a fini par se brûler à ces passions dangereuses, ce fut en conformité avec ses fantasmes, et surtout en s'abandonnant à la soif éperdue d'amour et de sincérité qui la travailla dès l'enfance. Séduire devint rapidement son métier : elle s'y entendait parfaitement. Mais en amour, elle préféra toujours le jeu de la vérité. L'ennui, c'est que le commun des mortels confond l'amour et la séduction. Marilyn finit elle-même par s'y perdre. Par en mourir, peut-être.

Ses origines étaient incertaines, elle rêva très tôt que l'amour lui apporterait la légitimité qu'elle n'avait pas reçue à sa naissance et raconta elle-même qu'à l'époque où elle n'était que la petite Norma Jean Baker, elle crut – ou se plut à croire – que le père qu'elle n'avait pas connu était un grand brun solide nommé Clark Gable : l'acteur qui déboulait dans les westerns des années trente pour ramener l'ordre à la fin du film... Petite fille ballottée de tutrice en pension de famille, c'est sur un écran que la jeune Norma découvrit qu'on peut vivre sans déranger les autres, et que cette sensation délicieuse est baptisée d'un nom étrange : *amour*. Devant la figure de Gable, elle tomba pour la première fois amoureuse. Passion d'autant plus violente qu'elle était suscitée par l'ailleurs mythique des images de cinéma, ce noir et blanc superbe où tout finit par s'arranger, la pauvreté, la maladie, l'abandon et même la mort, où tout se termine sur un baiser.

Plus tard, quand elle raconta l'anecdote, Marilyn éclata de rire, un hoquet suraigu qui laisse un souvenir douloureux à tous ceux qui l'ont entendu, tant s'y racontait la violence de son obsession. Car l'image de l'amant idéal qui continuait de la hanter n'avait d'autre épaisseur, d'autre profondeur de champ que celle que lui avait donnée l'émotion d'une petite fille ; et les témoins de ses mariages comme de ses liaisons étaient unanimement fascinés par sa propension, dès qu'elle avait conquis un homme, à l'abstraire de toute réalité. Comme si ce n'était qu'un homme de pellicule ; et qu'elle non plus, elle n'était pas autre chose : une femme en noir et blanc... Dès son premier mariage, à seize ans, avec Jim Dougherty (union arrangée à la va-vite par sa tutrice, effrayée par l'évidente sensualité de sa pupille), elle appelle son mari papa, comme plus tard Joe Di Maggio et Arthur Miller.

Mais les hommes qu'elle se choisit, Marilyn va les vouloir aussi très spectaculaires, comme Gable ; et comme lui aussi très grands et bruns, généralement portés sur la chasse, la pêche, ou des activités physiques violentes. En fait, des prédateurs. « Mettez Di Maggio, Arthur Miller et Yves Montand côte à côte sur un stade », remarque l'un de ses biographes, « habillez-les en joueurs de base-ball. Vous ne les distinguerez pas les uns des autres ».

Il faut y ajouter une nuance : maris ou amants, ces hommes seront aussi, d'une façon ou d'une autre, des hommes de pouvoir. Pouvoir des muscles, chez le champion de base-ball Di Maggio. Pouvoir des mots, chez Arthur Miller, star de l'intelligentsia américaine des années cinquante. Empire mystérieux du *french-lover*, chez Montand. Les frères Kennedy, seuls amants qui n'aient pas correspondu au physique de prédilection de Marilyn, compensèrent facilement ce handicap par leur participation à la puissance la plus énigmatique de toutes, à ses yeux, et la plus dangereuse : le pouvoir politique. Dès son enfance, elle avait nourri un véritable culte pour le président Lincoln. Au moment de son mariage avec Miller, elle justifia son choix en ces termes : « Il m'a plu parce qu'il ressemblait à mon personnage historique préféré. » Sa mère, par ailleurs, avait long-temps prétendu qu'elle était apparentée à un autre président, cham-pion, comme Lincoln, de la justice sociale. Il s'appelait James Monroe...

Dans les premiers temps, la mère de Norma Jean avait réussi à éviter de la placer en orphelinat ; les nourrices qui s'étaient occupées de la petite fille étaient des femmes plus ou moins puritaines et âgées dont la seule justification dans l'existence était de veiller sur des choses ordinaires : une famille, une maison, des enfants ; et peut-être la future Marilyn aurait-elle pu s'accommoder de leur idéal étroit et tranquille. Mais à l'âge de neuf ans, dans une pension de famille où elle était hébergée, elle fut violée. Par l'hôte le plus vieux, le plus riche, le plus respecté, le premier servi aux repas, le plus solen-nel, celui aussi qui avait la meilleure chambre, avec la seule salle de bains. Le moins soupçonnable de la maison. Quand elle raconta à sa tutrice ce qui s'était passé, celle-ci ne la crut pas, la frappa sur la bouche et l'accusa d'avoir « de mauvaises pensées ». Le soir même, Norma Jean se mit à bégayer – infirmité plutôt rare chez les femmes, et qui lui reviendra chaque fois qu'elle traversera une crise senti-mentale.

Accusée d'être provocante, alors même qu'elle ne rêvait que d'être intégrée à l'univers banal et rassurant des nourrices qui l'hébergeaient, Marilyn le devint vraiment. Dès l'âge de onze ans, elle se maquille ouvertement, étudie des heures durant la démarche onduleuse qui la rendra célèbre. Quand ses camarades de classe la critiquent, elle leur répond vertement. Elle n'a pas d'amies : déjà, elle s'est mis à dos toutes les femmes. Elle se promène en robe collante ; dès son premier mariage, elle prend l'habitude de sortir sans rien sous sa robe, signifiant ainsi à toutes les femmes qui l'approchent qu'elle n'est habillée que de son corps et qu'il est le mieux fait. Comme le relate un de ses biographes, elle assume déjà son destin d'être vraie, parmi des gens qui mentent, d'être nue, parmi des gens vêtus – au propre comme au figuré. Elle s'exclut délibérément de l'univers des femmes. Mais plus tard, quand ses amours échoueront, Marilyn sera aussi plus vulnérable, plus écorchée que l'humanité ordinaire. Elle se cherchera désespérément des amies ; elle ne découvrira au mieux que des complices momentanées et diversement intéressées.

Lors de cette époque trouble, entre seize et vingt ans, où Norma Jean se transforme en Marilyn (cette période de sa vie assez mal éclaircie où elle divorce de Jim Dougherty, où elle s'en va rôder du côté des studios de Hollywood, des boîtes de nuit, des hôtels un peu louches que fréquentent producteurs et imprésarios), se noue le malentendu qui la poursuivra jusqu'à sa mort : elle se sait séduisante et elle est bien décidée à s'en servir comme d'une arme. Mais elle veut aussi être aimée car l'amour, à ses yeux, est la seule vérité, même s'il la désarme. Ses contradictions commencent à se multiplier, d'autant qu'elle a toujours vécu dans les faubourgs d'Hollywood, où personne ne sait plus trop où est le vrai ni où est le faux, dans les amours des acteurs, qu'on invente pour les besoins des magazines de cinéma, ceux des scénarios, des tragédies ou des romances. A l'aube de sa carrière, Marilyn n'hésite pas à poser nue pour un calendrier. Quelques années plus tard, quand l'affaire fait scandale, elle se justifie devant les journalistes : « Il n'y a pas de mal dans la nudité, la nudité est vraie. » Néanmoins elle ne cherche qu'à se transformer. « Je voudrais être merveilleuse. » Comme toutes les stars de l'époque, elle passe des journées entières à s'étudier devant un miroir. Elle dirige et surveille sa métamorphose avec un curieux mélange de volonté, de patience et de haine. Dès ses premiers films, elle se fait rectifier le nez et le menton, elle accepte de se faire teindre en blond platine, avec les conséquences obligatoires de cette teinture sur l'ensemble de son apparence : ne jamais rien porter qui soit ordinaire. Elle met au point, seule, des techniques de fard dont elle ne révèle le secret à personne, même à son maquilleur attitré : pour les lèvres, par exemple, trois teintes secrètes qu'elle mélange elle-même puis un glaçage tout aussi mystérieux… Elle refuse tout Pygmalion, à la différence de ses consœurs et notamment de Rita Hayworth, qu'elle supplante très rapidement.

Des familiers ont confié sur cette époque des anecdotes très significatives. Un jour, par exemple, un photographe découvre que Marilyn est plongée dans un manuel d'anatomie entièrement annoté de sa main. Il est clair qu'elle l'étudie depuis des semaines. Il s'en étonne. Marilyn répond : « J'étudie la structure des os du corps. Le corps fait ce que font vos os. » Commentaire du photographe : « Elle fonctionnait comme une machine sexuelle qu'elle pouvait brancher ou débrancher devant l'objectif à volonté. Ce n'est absolument pas un truc de hanches ou de poitrine. » De fait, tous l'ont affirmé, d'Helmut Newton à Simone Signoret, Marilyn n'avait rien d'une beauté renversante. Pas très grande (un mètre soixante et un), un peu courte en jambes, elle était à peine dans les canons de l'époque, sauf du côté de la poitrine, qu'elle avait généreuse et parfaite. Mais d'un avis tout aussi unanime, elle possédait bien davantage : l'art de suggérer la fraîcheur, l'absolue spontanéité, tout simplement parce qu'elle avait appris à bouger. Aussi, dès qu'elle s'aperçut de son impact sur les hommes, elle peaufina méthodiquement sa parade amoureuse, non par goût du mensonge, bien au contraire, par soif de vérité, une vérité inédite à l'époque, qui impressionnait tout le monde, et surtout la pellicule : l'innocence, la candeur du désir, sa santé, sa gaieté de vif-argent. Mais lorsqu'on interrogeait Marilyn sur son charme, elle se refusait à admettre ce travail : « Le glamour n'est pas un produit industriel. La sexualité n'est attirante que naturelle et spontanée. »

Il ne faut pas voir là une coquetterie de star. Le besoin de séduire, pour Marilyn, a très vite ressemblé à une maladie, parce qu'elle n'a cessé de l'opposer à l'amour, et qu'il a fait échouer, en effet, ses mariages et ses liaisons. Son second mari, Di Maggio, ne supporte pas que sa femme, après avoir vampé les GI de la guerre de Corée, s'offre aux désirs de tous les mâles de la planète dans la scène légendaire de *Sept ans de réflexion* où elle écarte les jambes au-dessus d'une bouche d'aération. Peu après, elle rencontre Arthur Miller et se croit sauvée. Dès leur première rencontre, l'écrivain est frappé de sa grâce inexplicable : « Sous le store vénitien marron son visage paraissait bouffi et pas particulièrement beau, mais elle pouvait à peine bouger un doigt sans qu'on n'ait le cœur transpercé de la splendeur de sa courbe… Elle était complètement radieuse et néanmoins enveloppée d'une obscurité qui me rendait perplexe… Il me fallait prendre la fuite ou m'embarquer vers un destin qui échappait à ma connaissance. Mon univers paraissait entrer en collision avec lui-même, le passé explosait sous mes pieds. »

Miller succombe consciemment au charme de Marilyn. Contrairement à Di Maggio, il ne prend pas sa magnifique vitalité pour de la perversité. Il aime en elle l'instinct, la façon dont sa sexualité décape la routine sociale, l'attirail des conventions de la société américaine. Il est fasciné par sa parade amoureuse ; et plus encore par son prodigieux naturel lorsqu'elle ne porte pas son masque de vamp. Il l'étudie sans relâche et c'est le seul amant de Marilyn qui soit si sensible à la poésie de sa présence, qui comprenne à ce point ses déchirements : « Pour elle, les hommes n'étaient que désir, impérieux et en quelque sorte sacré… Elle parlait du désir avec une distance étrange. A ses yeux, les humains n'étaient que désir et blessure… Elle était moitié reine, moitié enfant abandonnée. Elle était toute la vérité… un blanc faisceau de vérité. » Il espère pouvoir résoudre sa contradiction essentielle, sa manie de la séduction et son besoin d'amour.

Se tissent alors entre eux des liens irremplaçables, l'amour physique, bien sûr, mais les silences aussi, tout ce qui se partage, une joie que Marilyn, semble-t-il, n'a jamais connue. Enfin leur goût commun de la perfection les rapproche. Miller voit Marilyn éliminer quatre-vingt-dix pour cent des photos qu'on prend d'elle, réclamer sans cesse aux metteurs en scène de refaire ses prises. Il guette le moindre de ses sourires, de ses silences. Un jour il lui murmure une phrase qui la rapproche encore plus de lui : « Tu es la fille la plus triste que j'aie jamais rencontrée. » Fait symptomatique : Marilyn croit d'abord que Miller lui fait un reproche ; elle est persuadée que, pour être aimée d'un homme, une femme doit être gaie. Miller lui explique qu'il l'aime ainsi, triste. Et l'épouse.

Elle semble alors heureuse. Elle l'appelle « papa », souvent par plaisanterie, parfois très sérieusement. Tout le temps de leur mariage, Miller espère la sauver d'elle-même. Il croit l'avoir comprise : « La plupart des mariages, après tout, sont des conspirations pour nier l'obscurité et renforcer la lumière… Marilyn était un Petit Poucet égaré qui passait distraitement dans ses cheveux un pistolet chargé… une victime de la maladie américaine qui veut que le sexe et le sérieux ne puissent cohabiter dans la même femme. » Et il supporte tout, les psychiatres, les retards, les coiffeurs, le gâchis de temps, de vêtements, de maquillage, les lettres d'hommes fous de désir, les messages de femmes désespérées, ses conseillers de l'Actors Studio, le couple Strasberg qu'il déteste, enfin sa liaison avec Montand.

A travers Marilyn, Miller avait espéré renouveler sa création : il le fera… après sa mort. Durant les cinq ans de leur mariage, il n'écrit pour elle qu'un seul texte, le scénario d'un film, *Les Misfits*. Au bout de quatre ans, son rôle de père-nounou-amant-mari lui devient insupportable. Il se voit lui aussi sombrer : « Elle semblait trouver tout à fait normal que je lui sacrifie mon temps, et s'il était clair que son désespoir n'allait pas disparaître, il était tout aussi évident que littéralement rien de ce que j'étais prêt à faire ne saurait en ralentir le cours destructeur. » Il s'aperçoit qu'il n'a plus de réalité pour elle, d'autant que les espoirs de maternité de Marilyn sont ruinés par deux fois. Alors même que le temps commence à la marquer, elle s'obstine à vouloir ressembler aux bombes sexuelles sans domicile fixe qui lui ont valu ses plus grands succès à l'écran, ces filles éternellement jeunes, aux prénoms à la fois délicieux et inconsistants : Chérie, Sugar…

C'est qu'elle naviguait très mal, Marilyn, entre l'illusion et le réel. A mesure qu'elle perfectionnait son image, qu'elle voyait peu à peu tous les hommes se soumettre à son pouvoir, et ceux-là mêmes qui ressemblaient le plus à son vieux fantasme, elle mesurait son incapacité à faire coïncider les deux amoureuses : la vraie, celle qui se retrouvait dans un lit, se mariait, souhaitait devenir une épouse modèle et une mère accomplie, et l'adolescente qui s'était découverte, puis voulue, glamoureuse, aguicheuse, *golden girl* éternellement radieuse, maîtresse idéale de tous les mâles de la terre.

Dans le travail comme dans l'amour, le temps est son principal ennemi. « J'ai peur de décevoir », répète-t-elle de plus en plus souvent. « Je voudrais être légère », s'exclame-t-elle à une autre occasion. On croit qu'elle prend le mot dans son sens le plus superficiel : la facilité, la disponibilité amoureuse. En fait, pour Marilyn, la légèreté, c'est ne plus déranger. Ne plus porter non plus le fardeau de ses angoisses. Mais le public ne veut que Marilyn ; il refuse Norma Jean. Il repousse la femme qui souffre, qui ne peut pas avoir d'enfant, qui fait des cures de sommeil en hôpital psychiatrique. Au sortir des cliniques, elle est contrainte d'affronter des photographes qui traquent une Marilyn déchue, et non une Norma Jean qui, comme n'importe quelle femme, aurait droit à la compassion ; et tout ce qui aurait pu la réconcilier avec les Américaines d'avant le féminisme, un mariage réussi, la grossesse, la maternité, lui est tragiquement refusé. Jamais non plus Hollywood ne lui offre les rôles pathétiques dont elle rêve, les amoureuses romantiques, les héroïnes de Tchekhov.

Alors Marilyn décide de punir tous ceux qu'elle accuse de ne pas répondre à ses passions contradictoires, l'amour d'un seul homme et la séduction universelle. Elle fait attendre pendant des heures ses producteurs, ses coiffeurs, ses metteurs en scène, son mari, ses amants. Elle ne cherche même pas à s'en justifier : « Cela éveille en moi quelque chose d'heureux, d'être en retard. » Parce qu'elle a raté tous ses mariages, elle punit aussi son corps, prétend qu'elle est vieille et laide, se gorge d'alcool et de tranquillisants. A la fin de l'épuisant tournage des *Misfits*, elle n'adresse plus à Miller que des sourires ironiques. A ces seuls sourires, qui le glacent, Miller comprend que Marilyn, qui n'a jamais su haïr personne, ses amants moins que les autres, a atteint un point de non-retour. Il lui faut toujours plus d'amour, mais aussi toujours plus de séduction.

Gable, la vieille idole de Marilyn, qui a tourné *Les Misfits* avec elle, lui rend pourtant hommage dans son ultime interview : « Tous les hommes sont différents, Marilyn est différente pour chacun d'entre eux, sauf sur un point : pour tous, elle est leur fierté, et c'est là son secret. » Mais lui aussi, Gable, maintenant qu'il a été son partenaire, a perdu tout intérêt aux yeux de Marilyn, et toute réalité. L'amour qu'on donne à Marilyn se perd dans un puits sans fond. Elle se cherche constamment un autre héros.

C'est sans doute pour cette raison qu'à cette époque elle s'entiche de John puis de Bob Kennedy. L'affaire est mal élucidée, notamment les incidences que ces deux liaisons auraient pu avoir sur sa disparition étrange. La version la plus communément admise est que John Kennedy, préoccupé par sa réélection, se serait effrayé des rêves de mariage de Marilyn ; il l'aurait jetée dans les bras de son frère, qui aurait eu lui aussi le plus grand mal à s'en débarrasser. Les ennemis politiques des Kennedy auraient alors cherché à les compromettre, et le suicide (ou assassinat) de Marilyn aurait été l'aboutissement de cet imbroglio politico-amoureux.

Mais tous s'accordent sur un point : à ce moment de sa vie, où elle approchait de ses trente-sept ans, Marilyn s'était engagée dans une surenchère passionnelle dont elle ne pouvait sortir que vaincue. Dans sa volonté de s'approprier une parcelle de ce pouvoir masculin beaucoup plus mystérieux, plus fascinant que celui que détenaient tous les hommes qu'elle avait approchés jusque-là, et comme si elle pressentait déjà qu'il va causer sa perte, Marilyn se détourne de son travail d'actrice. Elle a de plus en plus de mal à supporter la caméra, elle préfère, comme à ses débuts, l'œil immobile des photographes. Parade érotique réduite au minimum, sans subtilité verbale : « Pas de texte, pas de jeu, seulement le gars qui fait la photo et moi », s'exclame-t-elle, « c'est amplement suffisant ! ». Et dans une déclaration prémonitoire, quelques semaines avant sa mort, elle laisse superbement tomber : « La gravité finit toujours par vous rattraper. »

Dix ans plus tard peut-être, Marilyn aurait pu vivre son hédonisme, goûter pleinement son état de symbole de la sexualité. Dans l'Amérique du début des années soixante, il ne lui restait d'autre recours que sa vieille liaison avec le sommeil artificiel pour fuir la présence d'un homme trop réel qui n'était jamais celui qu'elle cherchait, parce que trop vivant, trop changeant – et souvent trop menteur, parce que trop puissant. Le jour où l'ex-Norma Jean s'aperçut enfin qu'elle ne réconcilierait jamais la séductrice et l'amoureuse, il lui valait mieux, sans doute, passer de l'autre côté du trompe-l'œil. Car dans l'une des rares phrases qu'elle eut sur la mort, Marilyn la compara à une porte dans un décor de studio : « La mort, au moins, on y entre en sachant qu'on a toutes les chances de ne trouver personne de l'autre côté de la porte. Alors que dans la vie, il y a toujours les autres. Quelqu'un d'autre, en tout cas. »

La passion et la timidité

Daphné Du Maurier

Daphné Du Maurier et son mari
Frederick Browning, contrôleur général,
secrétaire privé de la reine Elisabeth
et du Duc d'Edinburgh, homme
couvert de gloire et d'honneurs.

La discrète Daphné photographiée
dans son manoir de Menabilly, en Cornouailles.
Elle en fit le cadre de *Rebecca*, le légendaire
domaine de Manderley.

Daphné Du Maurier
La passion et la timidité

Depuis un demi-siècle, elle nous racontait des histoires de couloirs sombres et de landes humides, de maris inquiétants, d'épouses romantiques et de cadavres dans le placard. Elle portait un prénom aussi sucré que les gelées roses et vertes qu'affectionnent les Anglais, suivi d'un nom de famille tellement français qu'on a du mal à le croire authentique. Il l'était pourtant. Daphné Du Maurier avait, comme on dit, tout reçu en naissant : un arbre généalogique romanesque à souhait, un père amusant et fortuné, la fréquentation de la meilleure société. Comme tant de jeunes filles de l'establishment des années vingt, elle était promise à une existence délicieusement correcte, dans l'ombre d'un mari tout aussi respectable, entre l'argenterie de famille et des rosiers à tailler. Mais elle fut douée par surcroît d'un talent redoutable : celui de raconter des histoires. Daphné Du Maurier, très tôt, sut qu'elle allait écrire. On a envie d'ajouter : *fatalement* écrire. Car toute sa vie, apparemment si lisse, fut un déchirement entre le désir d'emporter des millions de lecteurs dans les fictions les plus échevelées et la nécessité contradictoire de se conformer au parcours très strict imposé par son milieu à toute jeune fille de bonne famille : faire un beau mariage et avoir des enfants. Or elle découvrit l'univers romanesque de la façon la plus simple qui soit : en parcourant du doigt son arbre généalogique. Sa bisaïeule avait été une courtisane célèbre. Entre autres amants richissimes, elle avait ruiné le duc d'York. Elle fut exilée. Sur le bateau qui l'emmenait vers Boulogne avec sa fille Ellen, elle rencontra une famille de maîtres verriers français, les Busson Du Maurier, qui regagnaient leur pays après avoir vainement tenté fortune en Angleterre. La jeune Ellen tomba amoureuse du benjamin des Du Maurier, Louis, un inventeur chimérique, constamment endetté, qui mourut fou. Aux générations suivantes, les Du Maurier devinrent de brillants artistes. Le grand-père de Daphné fut un caricaturiste célèbre, et son père Gerald un acteur très fêté. Après une jeunesse désordonnée, il s'était rangé en épousant une actrice. De ce mariage naquit Daphné.

Dès son enfance, la petite fille est fascinée par son père. Elle voit défiler dans le salon de ses parents les créateurs les plus connus du Royaume-Uni. Ses lectures favorites sont des romans d'aventures – qu'à cette époque on donne plutôt à lire aux garçons : *L'Île au trésor, Le Dernier des Mohicans, Le Comte de Monte-Cristo*. Elle rêve déjà d'écrire la vie mouvementée de ses ancêtres. Mais cette fantaisie familiale n'est qu'une façade. Peut-être pour oublier sa jeunesse tourmentée, Du Maurier élève sa fille de la façon la plus rigoureuse. Il lui apprend les bonnes manières, et surtout la plus extrême discrétion. Quant à lui, pour autant, il ne dissimule pas sa passion pour les créatures féminines… Pour parfaire l'éducation de Daphné, il l'envoie à Paris. Elle est confiée aux soins d'un professeur particulier, une femme, à qui elle semble beaucoup s'attacher – peut-être plus que de mesure.

Daphné ne se livrera guère sur cet épisode, pas plus qu'elle ne s'étendra sur la personnalité de sa mère ni sur la brève romance qu'elle eut, à cette époque, avec l'un de ses cousins. Dans ses interviews, ni même dans le fragment d'autobiographie qu'elle consentit à écrire sur le tard, elle ne se montra diserte sur cette période capitale pour la constitution de son imaginaire. On possède toutefois un témoignage rarissime, celui d'un Breton, René Bolloré, qui la rencontra à cette période, au Caux-Palace, près de Montreux, où Daphné se rendait tous les hivers : « Elle devait avoir dix-sept ou dix-huit ans », se souvient René Bolloré. « C'était une petite blonde mignonnette, agréable et simple, fraîche, sans plus, pas très grande, avec une petite tête ronde, des yeux bien bleus. Elle était beaucoup plus gaie que les romans qu'elle écrira par la suite. »

Guère différente, en somme, des autres petites Anglaises qui gravitent autour d'elle, Flo Saint John, demi-sœur du futur espion Kim Philby. Flo apporte à Daphné un parfum d'aventure : son père était alors aussi connu que Lawrence d'Arabie. Il avait lui aussi baroudé dans le désert et demeurait très lié aux services secrets britanniques, comme son fils plus tard. Une autre amie de Daphné se nomme Pat Wallace. C'est la fille d'Edgar Wallace, continuateur de la tradition du roman policier à la Conan Doyle. Daphné est stupéfaite de voir le romancier s'enfermer des heures entières dans sa chambre du Caux-Palace pour dicter à sa secrétaire des romans qu'il ne relit jamais – au point qu'à la fin de ses textes, très souvent, ses héros ne portent plus le même nom… Elle est fascinée par son imagination, sa facilité d'écriture. Elle en parle très souvent. « Il était évident qu'elle allait écrire », confie René Bolloré. « Faire une œuvre était apparemment la seule passion qui la travaillait. »

Du reste, on ne lui connaît aucun flirt. Elle traverse une brève période anticonformiste, joue les garçonnes, désinvolte et chic, s'exhibe en short, refuse de porter des chapeaux. L'écriture fait partie de ces insolences modernistes. Un jour, elle se risque à lancer son automobile en marche arrière dans une ruelle très escarpée de Londres. A une époque où peu de femmes conduisent, la presse en fait ses gros titres. Daphné se sent devenir intéressante. Elle raconte son aventure dans une nouvelle (sur une machine à écrire offerte par son cher *daddy*, évidemment). Le texte est publié. Les lecteurs en redemandent. Elle décide illico d'écrire un livre. Le premier sujet qui lui vient à l'esprit : écrire une biographie de son père. Elle rédige aussi deux romans, dont l'un porte un titre très curieusement nostalgique : *Jeunesse perdue*. Elle n'a pas vingt-cinq ans et le succès est au rendez-vous. Elle devient une femme en vue.

Mais toujours pas de soupirant à l'horizon. Qui pourrait égaler le charme de papa, la prestance de papa, sa sublime intelligence ? Un jour, lors d'une croisière, un lecteur se présente à elle. Il a adoré son premier roman. Il adore bientôt l'auteur. Et très vite aussi l'auteur se met à adorer le lecteur. Il a la croix de guerre, il est grand, il est beau, c'est un officier de carrière, courageux, aristocratique et tellement bien élevé ! Il s'appelle le colonel Browning, cela ne s'invente pas… Elle l'épouse – quelques mois après la mort de son père, comme il fallait s'y attendre. Le couple vivra trente-trois ans un bonheur sans nuages. En apparence car, à partir de ses noces, Browning professe le plus grand dédain pour les livres de Daphné… Et de ce même jour, elle devient insaisissable : impossible de dire qui, de ses deux facettes, est la plus authentique, lady Browning ou Miss Daphné. Alors même que la romancière s'acharne à offrir à tous – y compris à elle-même – l'image d'une épouse discrète et parfaitement rangée, elle écrit des textes tous plus passionnés, avec une fascination croissante pour la folie, la cruauté, les angoisses les plus surprenantes et les plus délétères. Pourtant, l'ancienne garçonne offre tous les dehors de la normalité : elle met gentiment au monde trois enfants, joue les maîtresses de maison accomplies, suit son mari de garnison en garnison avec la plus grande docilité. Mais c'est plus fort qu'elle, il faut qu'elle écrive : ainsi, un jour, en plein cœur du Caire, elle va s'asseoir sur un banc public au milieu des charmeurs de serpents et trace les premières lignes d'un roman rempli de landes sombres et humides, fantomatiques à souhait : *Rebecca.*

L'un de ses paradoxes, c'est qu'à la différence d'Agatha Christie, qui trouva dans tous ses voyages prétexte à fiction, et manifesta souvent un goût du risque affirmé, Daphné semble avoir une terreur bleue de l'exotisme et de l'aventure. Où qu'elle se trouve, elle ne ressent d'émotion plus vive qu'en transcrivant sous forme romanesque des images obsessionnelles : la lande cornouaillaise, la pluie, la mer, les criques solitaires, les portes dérobées, les femmes jalouses, les hommes sensuels et coupables... Mais son goût de l'histoire à rebondissements, son sens de l'atmosphère sont tels que *Rebecca, L'Auberge de la Jamaïque* et *Les Oiseaux* deviennent des succès mondiaux – bien que son style soit souvent assez indigent ; car tel un apprenti sorcier effrayé par ses sortilèges, Daphné refuse de polir ses textes : elle craint, en les travaillant, de nuire au charme de l'histoire.

Elle finit par obtenir de son mari de s'installer dans le manoir de Menabilly, en Cornouailles. L'endroit lui est particulièrement cher : elle l'a découvert et exploré pendant son enfance, alors qu'il était encore en ruine ; et son souvenir l'a tellement habitée, des années durant, qu'elle en a fait le cadre de *Rebecca*, le légendaire domaine de Manderley.

Le couple décide de le restaurer. Un détail enchante alors la romancière : en abattant des cloisons, les ouvriers y découvrent un squelette. Elle y voit comme un signe et s'attache à l'endroit avec une telle ferveur qu'elle n'en sortira presque plus, sauf au moment de la Seconde Guerre mondiale quand elle décide de s'engager sous les drapeaux.

On la dirige alors vers les services fort peu romantiques de la dératisation... Elle n'y voit nulle indignité et s'y consacre avec la sage application qu'on lui connaît en toutes choses ; et, après la défaite allemande et l'extermination d'un nombre respectable de rongeurs, elle s'installe à nouveau devant sa machine à écrire.

Nouveaux succès, que viennent conforter des adaptations cinématographiques prestigieuses, au premier chef celles d'Hitchcock. Et cependant, Daphné s'efface de plus en plus devant son mari. Browning a fait une guerre superbe, il est couvert d'honneurs, anobli, nommé général, puis Trésorier de la Reine. Il vit souvent à Londres. Daphné, elle, fuit obstinément le milieu mondain qu'elle avait connu du vivant de son père et préfère le manoir de Menabilly, son décor de landes et d'océan. Son personnage de femme d'intérieur accomplie s'effrite : elle confie ses enfants à des nurses et à des gouvernantes et reconnaît qu'elle n'est pas du tout passionnée par les occupations domestiques... On s'interroge d'autant plus sur elle qu'aucun de ses livres ne ressemble aux précédents, sauf dans le foisonnement imaginaire, et que leur succès ne se dément pas, malgré la sévérité des critiques, et la diversité des genres qu'elle aborde – roman sociologique, roman historique, fantastique, voire macabre...

Les journalistes brûlent de percer son mystère : tant de passion chez cette femme, et tant d'apparente timidité. Mais seuls de rares élus passent la grille de Menabilly ; et Daphné elle-même brouille les pistes, avec sa sobre élégance et sa demeure impeccablement rangée ; en dehors de l'écriture, sa seule passion évidente est la culture des rhododendrons. Mais quelques esprits plus observateurs finissent par comprendre que la romancière est à l'image des lieux : faussement paisible. Sans qu'on démêle pour autant son secret : nulle excentricité chez cette femme toujours parfaitement permanentée et corsetée dans les convenances, le rituel du *five o'clock tea* ; tout juste s'autorise-t-elle quelques cigarettes au menthol…

On hasarde alors quelques hypothèses : sa timidité serait due au souvenir de son père ; elle aurait hérité de ses contradictions – le même puritanisme et une fascination identique pour les écarts de conduite. D'autres évoquent un devoir de réserve imposé par l'autoritaire Browning. Mais sur ce dernier, Daphné ne se confie pas davantage que sur son père ; on sait seulement qu'il partage l'avis que les critiques portent sur son œuvre. Là encore, même discrétion de la romancière : à peine laisse-t-elle passer, de loin en loin, une vague amertume : « Je suis la première convaincue de ma stupidité », lâche-t-elle à un journaliste ; une autre fois, elle consent à avouer que tout son entourage – son mari, ses enfants, la gentry – juge qu'elle « écrit pour des crétins ».

Elle ne précise pas qu'elle en souffre. On le devine simplement à un regard assombri, à une grimace fugace qui passe sur ses lèvres. Cependant, elle s'acharne à faire avec scrupule son devoir d'aristocrate, marie ses enfants aussi convenablement qu'elle l'avait été elle-même : une de ses filles devient lady, une autre vicomtesse. On pressent quelques ombres sur sa vie conjugale lorsqu'on apprend que son mari est un récidiviste de la conduite en état d'ivresse.

Lors de la mort de Browning, en 1965, certains pensent que la vraie Daphné va enfin montrer le bout de son nez. Il n'en est rien, bien au contraire. Elle sombre dans la dépression, ne retrouve le sourire qu'en présence de ses petits-enfants, et son comportement est parfois si étrange que ses voisins murmurent qu'elle est médium. Lorsqu'elle est obligée de quitter Menabilly – les propriétaires n'ont pas renouvelé son bail –, sa tristesse est incurable. Mais elle réussit à trouver une maison toute proche de ce lieu magique et reprend l'écriture.

Ses ouvrages se font alors plus travaillés, plus ambitieux aussi. Elle se lance dans la biographie. Son indépendance, son absence de recul esthétique, son manque de culture universitaire la desservent, et les critiques renâclent avec la même assiduité. Elle a toujours autant de lecteurs ; mais les articles venimeux qu'on écrit à son propos la minent. Elle devient de plus en plus solitaire et sauvage et, en 1981, annonce qu'elle n'écrira plus. Ceux qui la rencontrent chez l'épicier et le boucher s'étonnent alors de voir la romancière la plus imaginative du monde anglo-saxon faire elle-même ses courses, poudrée et permanentée comme n'importe quelle vieille dame anglaise ; et du reste, ainsi que toutes les *old ladies*, la célébrissime Daphné continue d'observer scrupuleusement le rite du thé, du *Times* et du whisky cul sec. A cette réserve près que son regard s'égare souvent sur la lande, là où elle allait naguère chercher l'inspiration – les baisers passionnés de Rebecca, les maléfices de *L'Auberge de la Jamaïque*, et tant d'autres frissons romantiques et morbides...

A l'annonce de son décès, le 19 avril 1989, le petit monde littéraire britannique fut stupéfait : tous la croyaient morte depuis des années. D'une certaine façon, les critiques n'avaient pas tort : ce n'est pas du sang qui coule dans les veines des grands raconteurs d'histoires, c'est de l'encre. L'imaginaire est le pouls même de leur existence ; et à l'instant où ils décident que leur œuvre est arrivée à son point final, ils ont fixé aussi le terme de leur vie.

Des décennies de bruit et de fureur

Christina Onassis

Aristote Onassis et Christina
ont cru tous deux que l'or
donnait un pouvoir sur les cœurs,
et préservait du malheur.

« Il y a quelque chose
d'inaccessible chez
Christina, disait d'elle
La Callas – On dirait
une fille qui va prendre
le voile. »

Christina Onassis
Des décennies de bruit et de fureur

Dans la Grèce d'il y a deux mille cinq cents ans, le dieu qui protégeait les gens riches se nommait Pluton. Il vivait sous terre, où il tenait à l'abri des regards toutes les fortunes du monde. C'était aussi le dieu des Enfers. L'histoire de Christina Onassis pourrait peut-être s'expliquer par sa volonté de nier cette évidence première : la malédiction qui s'attache à l'argent dès lors qu'il entre dans l'excès et le spectaculaire. Elle aurait pourtant pu tirer leçon du destin de son père, qui avait cru lui aussi que son or, en ouvrant toutes les portes, celles des magasins de luxe, des palaces, des fêtes, les palais des magnats et des grands de ce monde, lui assurerait en même temps un empire absolu sur les cœurs. Mais Onassis, avec sa fortune colossale, lui avait transmis le même aveuglement fatal ; il l'avait élevée dans la certitude que sa famille était riche de droit divin ; et qu'un tel privilège pouvait la préserver, sa vie durant, de l'échec et du malheur.

Tel était, en effet, le fondement de la doctrine Onassis. Et l'homme qui, en ce jour de novembre 1950, se penche sur le berceau de son second enfant, la petite Christina, est persuadé que rien ne viendra jamais le contredire. En une quinzaine d'années, il a réussi à devenir l'un des premiers armateurs du monde. Mais il n'a pas encore réalisé son ambition : être le premier. Autour de lui s'agitent des rivaux plus ou moins hypocrites, notamment son beau-frère Niarchos, qui n'a de cesse, comme son beau-père Livanos, de rappeler que les origines d'Aristote sont obscures. De fait, son père, le vieux Socrate Onassis, était un marchand de tabac de la bourgeoisie de Smyrne (l'actuelle Izmir). Autant dire un Turc : l'injure suprême dans la bouche d'un Grec ; on la glisse encore parfois dans le dos d'Onassis, lorsqu'on veut le provoquer.

Et, comme l'insinue aussi son rival Niarchos, les circonstances qui ont entouré ses débuts demeurent extrêmement troubles ; il a commencé on ne sait trop comme, au début des années vingt, au moment où les Turcs venaient de massacrer la communauté grecque d'Izmir. On se perd toujours en conjectures sur la façon dont Onassis a réussi à faire sortir son père de prison et à éviter lui-même le service militaire sous le signe du croissant. Un beau militaire, dit-on, l'aurait protégé.

Mais au moment où naît la petite Christina, Onassis a trouvé la parade à ces rumeurs insistantes : il ne nie pas ses origines, au contraire : plus il s'enrichit, plus il tient à faire croire qu'il est parti de très bas. Il s'invente un passé de plus en plus misérable ; même marié et père de famille, il ne dissimule rien de ses débordements d'antan dans les bordels de Demiri Yolu, le quartier réservé de Smyrne. Dans les dîners mondains, il fait étalage de ses prouesses sexuelles présentes et passées, il parle sans fard de sa jeunesse, avec un sens étonnant du raccourci chronologique : « Janvier 1921 », raconte-t-il un jour, « l'année où l'on a inventé la mitraillette Thompson et où j'ai découvert mes propres capacités de répétition ! ».

Car de ce temps lointain, Onassis a gardé le goût de la provocation et un exhibitionnisme systématique : quand on est riche, ça doit se voir, estime-t-il. Aussi, sous ses pantalons mal coupés, qui tire-bouchonnent sur ses chevilles, il porte encore très souvent des chaussures en croco.

Cela fait demi-escroc. La famille Livanos, d'où est issue la mère de Christina, considère qu'elle appartient, elle, à l'aristocratie maritime. Avant de pouvoir épouser la mère de l'enfant, la belle Tina, Onassis a dû essuyer le mépris de la tribu Livanos et supporter, deux années durant, toutes les rebuffades de son père. Livanos a accepté Onassis pour sa seule fortune : en cette fin des années quarante, sa flotte de pétroliers, construits avant guerre mais providentiellement abrités dans un port scandinave tout le long du second conflit mondial, fait de lui l'un des plus brillants nababs de la planète. Le jour même de ses noces, le 28 décembre 1946 – il avait quarante-six ans et Tina dix-sept –, il confie à son ami et associé Gratsos (qui restera longtemps l'un des plus fidèles amis de sa fille) : « Ce mariage ne me suffit pas. Les Livanos sont des fumiers et je cherche les moyens de les écraser comme des merdes. »

Il semble en mesure de combler cette ambition, son ascension paraît irrésistible. Depuis quelque temps, d'ailleurs, les Livanos en prennent ombrage ; à l'ancienneté de leur propre lignée d'armateurs, ils aiment à opposer, plus ou moins ouvertement, la richesse récente, et peut-être suspecte, de leur gendre. Il est vrai qu'à plusieurs reprises, le FBI s'est intéressé à Onassis et que plusieurs procès ont failli ruiner ses affaires.

Onassis est parfaitement conscient de ce que les Livanos chuchotent dans son dos ; et il les juge bien imprudents, car le ressentiment, le goût de la vengeance sont les ressorts les plus puissants de son caractère. Il se réfère constamment à un adage de son père Socrate : « Si tu ne veux pas avoir la corde au cou, fais-toi bourreau. » Un principe qu'il applique aussi bien à ses affaires qu'à ses maîtresses, et déjà à sa femme. Il insulte, il frappe parfois Tina ; puis il l'attire dans ses draps, où, comme toutes ses maîtresses, elle finit toujours par succomber à sa prodigieuse vitalité.

On imagine donc sans difficulté le nœud de vipères que constitue, à sa naissance, la famille de Christina : en dehors de la grippe, rien ne se propage aussi facilement dans les familles que la jalousie. Du reste, une autre tribu grecque s'est brillamment illustrée trois mille ans plus tôt dans un de ces interminables et sauvages concours de haines familiales : les Atrides. Entre Sparte et Mycènes, meurtres et vendettas en série. Mythologie, dira-t-on. Mais les Grecs contemporains demeurent extrêmement attachés à ces vieilles légendes ; au point qu'ils aiment à baptiser leurs enfants du nom de leurs héros ; et n'est-on pas déjà entrés dans le mythe quand, comme Onassis, on a eu une mère qui s'appelait Pénélope et une belle-mère Hélène ? Quand son oncle se prénomme Homère, sa sœur Artémis, et qu'en 1948 on a baptisé son fils aîné Alexandre, sans compter sa propre femme, dont le prénom, Tina, est la forme abrégée du nom de la déesse Athéna ?… Aux Livanos qui guettent sa chute, Onassis a adressé ce jour-là un avertissement clair : en donnant à son fils le nom du plus célèbre des conquérants, il signifie ouvertement qu'il n'entend pas borner son empire à la possession de quelques dizaines de cargos et des premiers supertankers. Le guerre de conquête ne fait que commencer.

Alors, pour la jeune sœur, pourquoi ce prénom si peu grec, et si peu mythologique ? Cette petite fille brune, on dit pourtant qu'elle ressemble trait pour trait à son père, une gamine solide et trapue, une vraie fille de Méditerranée. Or Christina est un prénom qui évoque le Nord, la blondeur, les longues et fluides sirènes scandinaves…

C'est qu'il y a eu une de ces sylphides nordiques dans la vie d'Onassis, une princesse de la mer, comme il se devait, pour un homme qui ne se sent vraiment bien que sur le pont d'un bateau. Elle s'appelait Ingeborg Dedisen et c'était la fille d'un armateur norvégien. Il l'avait rencontrée à bord d'un paquebot, dans les années trente, entre Gênes et Buenos Aires, où il avait monté sa première affaire en se servant d'une autre femme, une cantatrice italienne qui avait accepté de fumer en public ses cigarettes à bout doré.

Ingeborg était d'une autre trempe que cette petite arriviste. Indépendante et deux fois divorcée, elle avait compris que pour s'attacher l'inconstant Ari, extrêmement porté, à l'époque, sur les starlettes de Hollywood, il fallait mêler les affaires et le sexe. Du coup, elle avait décidé de faire son éducation : comment faire le baisemain, manger proprement à table, et quelles chaussures assortir à un smoking. En quelques mois, elle avait réussi à faire de son Ari, en lieu et place d'un demi-bandit, un homme à peu près présentable ; et c'est grâce à elle qu'Onassis parvint à s'infiltrer dans le milieu des armateurs. Mais dès qu'il approcha de la quarantaine, il jugea qu'il en avait appris assez et la quitta pour épouser la jeune Tina. Sans renier l'influence qu'Ingeborg avait eue sur lui. Tout simplement, à présent qu'il avait réussi, il lui fallait une « femme grecque » : une toute jeune fille de la meilleure société, la mère de ses enfants et la gardienne de son foyer.

Erreur monumentale : Tina n'a rien de cet idéal de « femme grecque » : elle a été élevée en Angleterre, elle est belle et elle le sait.

Elle a un corps de mannequin, un visage lisse dont elle sait offrir le meilleur profil aux photographes. Et c'est un monstre de narcissisme, tout comme Onassis. De Cannes à New York, de Londres à Athènes, elle court les couturiers, les décorateurs, vit dans l'obsession de ne pas paraître assez soignée, sait où il faut être et où ne pas se montrer, et quel est le moment exact où s'éclipser d'une soirée mondaine. Leur goût commun pour le sexe fait apparemment de leur mariage une réussite. Mais juste avant la naissance d'Alexandre, Onassis l'a déjà trompée. Avec rien de moins qu'Eva Peron, femme du dictateur argentin, experte dans l'art de détrousser les hommes riches, un sport qu'elle pratique depuis ses débuts dans les cabarets de Buenos Aires.

Onassis n'a épargné à ses amis aucun détail de l'aventure : après l'amour, la belle Eva lui a extorqué dix mille dollars pour une de ses œuvres de charité, après quoi elle lui a fait des œufs brouillés, « l'omelette la plus chère que j'aie mangée de ma vie », raconte-t-il sans vergogne. Et malgré l'attachement qu'il a pour Tina, on ne compte plus les mannequins et autres créatures de rêve qui défilent dans son lit, dans chaque ville où il va acheter ses supertankers et signer des contrats avec les rois du pétrole. Il se justifie avec désinvolture en se comparant à Ulysse : « Je suis un marin ; et ce sont des choses qui arrivent aux marins. »

La phénoménale ascension d'Onassis se poursuit. Nul ne semble en mesure de l'arrêter : son talent, en affaires comme en matière amoureuse, c'est toujours d'anticiper. Le premier, dans les années trente, il a prévu l'expansion du commerce mondial ; le premier aussi, il a compris que le pétrole va supplanter le charbon. Grâce à des primes d'assurance touchées pour indemniser la perte de quelques-uns de ses navires, il a investi dans la construction de pétroliers géants. A l'abri de leurs pavillons de complaisance, qui les exemptent d'impôts, ses flottes sillonnent maintenant toutes les mers du monde et narguent les conflits qui se rallument, la guerre de Corée, l'affaire du canal de Suez.

Mais la supériorité d'Onassis tient aussi à une autre intuition : il vient de comprendre que, pour impressionner les partenaires avec qui on signe, il faut non seulement posséder les plus belles voitures, les plus belles villas, le plus beau yacht, mais occuper aussi le royaume tout neuf des images. Les films d'actualités ou les magazines à scandale, peu lui importe. Ce qui l'intéresse, c'est de devenir célèbre grâce aux femmes. C'est à leur beauté, à leur prestige qu'il veut mesurer son pouvoir.

On photographie beaucoup Tina. Il la couvre donc de bijoux, en fait la vitrine de sa fortune. Les enfants du couple sont confiés à des nurses et grandissent entre le château d'Onassis loué au cap d'Antibes, et sa résidence de l'avenue Foch. Tina ne leur rend que des visites très espacées. Quand elle arrive, la petite Christina s'extasie devant cette étrange maman qu'elle voit si peu et qui ressemble à un arbre de Noël. Puis Tina retourne à sa vie de nomade de luxe en compagnie d'Onassis.

Celui-ci, malgré ses succès, est de plus en plus tourmenté. Il organise pour ses invités d'étranges pêches à la baleine, à l'issue desquelles il avoue serrer Tina contre lui avec « une satisfaction de prédateur ». Mais il est déjà à la recherche d'une conquête plus flatteuse. Il songe parfois à ses enfants, lui aussi, mais de loin en loin. Quelques mois après sa naissance, Christina a pris sa place sur l'interminable liste de femmes qu'Onassis a abandonnées. A un détail près : il donne son nom au yacht qu'il vient de faire construire afin d'y recevoir toutes les célébrités de la terre.

Christina grandit donc loin de ses parents, de leurs fêtes, de leurs déchirements. Elle est boulotte et gauche, elle a le même œil que son père, féroce et inquiet. Sait-elle déjà qu'elle ne sera pas jolie ? C'est sans doute le cadet de ses soucis : elle est écrasée sous les cadeaux. Pour compenser leurs perpétuelles absences, ses parents lui offrent, entre autres jouets, des poupées habillées par Dior, deux poneys, une minivoiture électrique équipée d'une radio et d'un tourne-disques. De temps à autre, pendant leurs séjours, ils organisent des dîners somptueux, reçoivent Cary Grant ou le bedonnant Winston Churchill. Bouche bée, Christina et son frère les observent, puis retournent à leurs jouets et à leur ennui.

Mais à force de vivre à longueur d'année entre leurs nurses, domestiques et précepteurs, qui les choient et qu'ils tyrannisent, les deux enfants finissent par manifester des troubles psychologiques flagrants. Ils ne vont pas à l'école, n'ont pas d'amis de leur âge. Aucune complicité ne les unit : ils dînent en tête à tête sans s'adresser la parole. Au château de la Croë, le somptueux château du cap d'Antibes, perdu dans une pinède, qu'Onassis loue à l'année, Alexandre casse un jour tous les carreaux des fenêtres ; la facture est de plusieurs milliers de dollars. Tina est alors à Rio, à flirter avec un beau Brésilien ; et Onassis on ne sait où, sur la trace d'un contrat plus mirifique que les autres, ou plus probablement encore dans les bras d'une nouvelle conquête. Mais personne ne s'alarme. Un autre jour, au volant d'une petite voiture à essence qui roule à trente à l'heure, Alexandre renverse un journaliste américain. Onassis, pour

une fois, est présent. Au lieu de gendarmer son fils, il éclate de rire :
« Ce n'est qu'un jouet ! » « Un jouet qui aurait pu me rendre infirme
à vie ! » rétorque le journaliste. Onassis s'esclaffe à nouveau. Le journaliste en reste coi, et l'affaire est classée.

Christina, quant à elle, se réfugie dans le mutisme. Pour compenser le manque d'affection, elle a déjà trouvé sa tactique, qui sera
la sienne sa vie durant : opposer au monde un rempart de silence.
Un jour, on finit tout de même par s'aviser que la petite fille n'ouvre
plus la bouche. On prévient sa mère, qui l'emmène chez un psychiatre suisse. Diagnostic : « C'est une enfant surprotégée, inquiète,
qui cherche à attirer l'attention sur elle. » On la soigne. Christina
recouvre l'usage de la parole ; et Tina, comme si rien ne s'était passé,
rejoint aussitôt le carrousel mondain.

Des proches suggèrent alors que Tina est embarrassée par cette
petite fille qui n'est pas vraiment belle. Pis même, ils insinuent qu'elle
en a honte. Il est vrai qu'on a beau habiller Christina comme les
enfants de la meilleure société, lui donner les meilleurs précepteurs,
elle continue de se tenir mal à table, elle n'a jamais l'air souriant et
propret des enfants de la jet-set. Elle est capricieuse, rebelle, il y a de
l'incompréhensible en elle, de la sauvagerie, trop de sauvagerie. En
somme, le même esprit d'opposition que chez son père, celui qui le
pousse à parader sur le pont de son yacht en short trop serré et en
chemise à fleurs, et à arborer en dépit de tout des souliers en croco.
Et cette ombre autour des yeux, maintenant, et cette même gravité
effrayante que celle qu'on lit dans le regard des icônes byzantines.
Trop d'Onassis, sans doute, en Christina ; et pas assez de Livanos…

Pour tout arranger, les deux enfants commencent à se détester.
Gagnés à leur tour par la logique de la possession, hébétés par les
jouets sans nombre qui s'entassent dans leur chambre après chaque

visite éclair de leurs parents, ils se jalousent, n'échangent plus un mot. Alexandre n'a pas onze ans qu'il se voit offrir son premier Chris-Craft ; et Christina, comme sa mère, est couverte de bijoux : Onassis se comporte avec elle comme avec toutes les femmes qu'il veut tenir sous sa coupe. Et plus elle grandit, plus elle est sensible à l'aura de son père ; elle se met à l'adorer, pour sa joie de vivre, son enthousiasme, sa vitalité – le luxe des riches qui ont commencé pauvres, quand les gens de fortune ancienne se sentent toujours contraints d'affecter le plus parfait ennui. Plus tard, dès qu'elle rencontrera un homme, Christina le comparera aussitôt à son père. De cette confrontation imaginaire, Onassis sortira constamment vainqueur : « C'est plus fort que moi », avouera-t-elle. « Dès que mon père est là, on rit, on s'amuse, il enchante. Et il est tellement intelligent ! »

Christina oubliait alors de dire que lorsqu'elle était enfant, dès que son père s'éloignait, elle éprouvait la même douleur que toutes les femmes abandonnées par Onassis ; et qu'elle maudissait déjà son indifférence prodigieuse aux autres – la clef de sa fabuleuse réussite. Epouse ou maîtresse, aucune femme n'échappait à ce mépris aussi souverain que brutal, que Maria Callas résuma un jour d'une formule lapidaire et vengeresse : « Toi, Ari, tout ce que tu sais des femmes, tu l'as appris dans un catalogue de Van Cleef et Arpels... »

Christina avait beau être sa fille, elle n'échappa pas à la règle. Pour Onassis, elle n'était qu'une riche héritière, pas très jolie, certes, mais qu'on finirait bien par caser, avec son nom qui valait de l'or. En attendant, pour calmer ses états d'âme, il suffisait de la flatter.

La méthode était d'ailleurs la même pour son frère Alexandre : afin d'avoir la paix, flatter son narcissisme. A Paris, à Antibes, on suspend à tous les murs des gigantesques portraits des deux enfants. Ils leur renvoient leur image embellie, magnifiée ; pour son yacht, Onassis fait exécuter un vitrail où l'on voit Christina patiner sur un étang pour symboliser l'Hiver ; et sur un autre tableau, elle est figurée en allégorie du Printemps.

Plus tard, Christina répétera un peu banalement que son enfance fut le moment le plus heureux de sa vie. Mais elle disait vrai ; elle parlait dans le relatif et non dans l'absolu, car ce moment-là au moins n'avait pas été touché par le poison qui, depuis des années, rongeait la famille de sa mère et celle de son père, les Livanos et les Onassis : la jalousie et la soif de vengeance. Derrière sa muraille de jouets, Christina pouvait encore s'aveugler ; et vivre sur une illusion qui la protégeait de tout : l'amour, croyait-elle, qui unissait ses parents. Elle le croyait aussi inépuisable que la fortune de son père.

Elle ignorait encore qu'Onassis courait le guilledou, elle ne se doutait pas un seul instant que sa mère était très courtisée, et que les deux époux, depuis longtemps, s'étaient engagés dans un jeu pervers : lequel des deux allait mieux faire souffrir l'autre ? Ainsi, juste après la naissance de Christina, sa mère a-t-elle lâché à Onassis que Niarchos, son beau-frère et rival en affaires, était tombé amoureux d'elle. Il est vrai qu'avant de demander la main de sa sœur, Eugénie, Niarchos avait souhaité épouser Tina, qui n'avait pas voulu de lui.

L'insinuation de Tina sur les sentiments de Niarchos ranime la soif de revanche d'Onassis. Pendant toutes les années cinquante, passées à parcourir le monde chacun de leur côté, Tina et Onassis ont multiplié les liaisons dangereuses et tissé entre eux un inextricable nœud de ressentiment et de haine. Ainsi, alors qu'Onassis collectionnait les bonnes fortunes, plusieurs play-boys se sont succédé dans la vie de Tina ; entre les stations de ski et les villégiatures à la mode, elle continue d'accumuler les aventures. Onassis la laisse faire. D'abord parce qu'à soixante ans passés, il est tout entier absorbé par la consolidation de son immense fortune. Il vient d'acquérir une participation majoritaire à Monaco, dans la Société des Bains de Mer ; il est ainsi devenu le roi de Monte-Carlo et s'est persuadé qu'il dame le pion à Rainier. Il fréquente assidûment Churchill, est l'ami intime du milliardaire qui a le moins d'amis au monde, Paul Getty, il est à tu et à toi avec tous les nababs de la planète. Le blocage du canal de Suez l'a propulsé au zénith : ses supertankers sont les premiers à approvisionner les ports occidentaux, via l'Afrique du Sud. Tous les regards de la finance sont braqués sur lui. Un seul de ses rêves demeure inaccompli : entrer dans la légende du siècle.

Car il voudrait passer pour autre chose qu'un homme à faire de l'argent, il rêve d'égaler en renommée les plus grands créateurs, il voudrait devenir une star. Or, en dehors de l'argent, il n'y a qu'une seule chose qu'il sache très bien faire : l'amour. Pour accéder à la gloire, il lui faut donc la voler. A une femme, évidemment. De la même trempe que lui. En redevenant bandit.

Il jette son dévolu sur Maria Callas. Ce sera elle, sa nouvelle vitrine, la cantatrice grecque. A plusieurs reprises, il l'invite sur le *Christina*. Lors d'une mémorable croisière, il parvient à ses fins, en présence du mari de Maria, Menenghini, et de Tina.

Sa femme est habituée au cocktail d'intrigues en tout genre qui constitue pour Onassis le plus grand charme de son yacht. Mais un matin, Tina découvre l'intolérable : la Callas allongée sur un canapé du salon et honorée par Onassis de la plus belle manière. Elle court chez Menenghini. Malgré l'antipathie qu'elle lui voue (elle le surnomme Méningite), elle tente une alliance, échafaude un plan de contre-attaque. En vain. Quelques semaines plus tard, le *Christina* appareille à nouveau, avec une seule passagère à bord : la Callas.

Toute diva qu'elle soit, la cantatrice est tombée elle aussi sous l'emprise carnassière d'Onassis. Pour vanter son corps, elle emploie les mêmes mots exaltés que toutes ses maîtresses et, comble de publicité, voilà que sur toutes les scènes où elle triomphe, elle transfigure sa passion pour l'armateur en sublimes vocalises.

Tina s'effondre, joue les mères humiliées, les épouses injustement bafouées. Elle va chercher ses enfants (« Un kidnapping ! » estimera Onassis), puis intente une procédure de divorce.

Les enfants, bien entendu, sont pris à témoin, et deviennent les otages successifs de l'un et de l'autre parent, lesquels protestent bien haut qu'ils ne songent qu'à défendre le bonheur de leur progéniture. Mais Onassis tient à Tina. C'est sa « femme grecque », sa possession, la mère de ses enfants. L'idée du divorce lui est intolérable. Tout aussi insupportable que l'idée de renoncer à la Callas. Avec la cantatrice, il vit une passion orageuse, aussi nécessaire dans sa violence que dans les élans de tendresse qui ponctuent leurs batailles. Rencontre de Titans ; la Callas est grecque, comme lui, aussi charismatique que l'armateur, et, à force de travail et d'acharnement, pareillement victorieuse de ses origines obscures. Pour remplir les colonnes des journaux, il lui fallait un mythe, et Onassis le tient. Il ne le lâchera pas. Non plus que Tina, qui doit l'attendre bien sagement à la maison en gardant les enfants…

Mais Tina ne l'entend pas de cette oreille. Lasse de jouer les utilités, encore belle, elle songe à refaire sa vie. Aussi, dans le rôle de la Livanos outragée, elle se montre intraitable. En juin 1960, un tribunal finit par prononcer le divorce pour cruauté mentale, aux torts d'Onassis. Le juge décide aussi que les enfants seront alternativement confiés six mois à leur père, puis six mois à leur mère. Christina a neuf ans.

« C'est cette année-là que je suis devenue femme », confia un jour Christina. Avec l'arrivée de la Callas, en effet, elle comprend l'importance des autres femmes dans la vie de son père, elle découvre la déception, la jalousie. Avec la liaison de son père avec la cantatrice, ce n'est pas seulement sa mère qui est trompée, c'est elle.

« Pour mon père », ajoutait Christina, « toute l'éducation qu'il entendait transmettre à ses enfants tenait en une seule phrase : "Commencer à penser, c'est commencer à faire des affaires." C'est donc toute seule que j'ai appris que commencer à sentir, c'est commencer à souffrir ».

Comment ne pas souffrir, en effet ? Le bateau qui porte son nom est le théâtre des ébats de son père avec l'intruse. Christina hait la Callas au point de ne jamais vouloir prononcer son nom : avec son frère, elle ne l'appelle que « La Chanteuse ». Onassis affirme qu'il sacrifierait toutes ses propriétés pour garder son yacht. Elle, ce bateau, elle le déteste et, malgré le vœu de son père, c'est l'un des premiers biens dont elle se débarrassera à la mort d'Onassis. Car tout ce qui fait la légende du navire répugne à Christina : les cheminées en lapis-lazuli, la piscine d'inspiration crétoise transformable en piste de danse, les sièges de bar recouverts, prétendait Onassis, de prépuces de baleines, ce qui lui permettait des plaisanteries grivoises, dont celle qu'il servit à Garbo en personne : « Savez-vous, madame, que vous êtes assise sur le plus gros pénis de la création ? »

Par-dessus tout, Christina associe le yacht à la scène que lui a racontée sa mère, le jour où elle découvrit la Callas dans les bras d'Onassis. Mais la Diva y règne maintenant en souveraine ; et elle rêve d'épouser Ari.

Celui-ci, pour rester libre, et selon une méthode classique, se sert de ses enfants. « Ils ne le supporteront pas. » La Callas cherche alors à les amadouer, surtout Christina. Elle se heurte à un mur : le rempart de tristesse à l'antique, absolue et tragique, que Christina oppose désormais à tous les étrangers. La cantatrice, autre tragédienne, le comprend et tente maladroitement de nouveaux rapprochements. Un jour, sentant que la partie est perdue, elle confie à Onassis : « Il y a quelque chose d'inaccessible chez Christina. On dirait une fille qui va prendre le voile. »

Ari est ravi de cette remarque. Depuis son adolescence en Turquie, les femmes voilées lui ont toujours plu. Une d'entre elles excite son imagination au plus haut point : la veuve de John Kennedy, la belle Jackie, dont l'image superbement douloureuse a été retransmise sur toute la planète. Il a déjà décidé de la circonvenir. A cette fin, Onassis devient l'amant de sa belle-sœur la princesse Radziwill, puis, selon sa technique habituelle, attire Jackie sur son yacht. Et, à mesure que s'étiole l'aura de la Callas, et que s'abîme sa voix, il la rencontre de plus en plus souvent.

L'incongruité même de sa liaison avec Jackie Kennedy protège les nouveaux amants des indiscrétions : comment imaginer que cette veuve si belle, si distinguée, si célèbre, soit tombée sous le charme de ce demi-gredin, si vieux, si laid ? Mais le bourreau Onassis n'en fait pas seulement une affaire de sexe. Il rêve d'épouser une nouvelle tragédienne, marquée du sceau de la douleur. Il veut maintenant un mariage avec l'Histoire, la grande. Et une revanche éclatante sur les

Américains qui, quelques années plus tôt, par toute une série de procès retentissants, ont failli le ruiner.

Il est persuadé d'y parvenir : il a discerné en Jackie la faille qui lui permettra de la tenir sous sa coupe : l'envie de vivre libre, loin de l'étouffoir de sa belle-famille de Boston. Le besoin d'être protégée, le désir de mener une existence retirée, tranquillement dépensière. Mais Christina, de son côté, ne perd pas de vue l'espoir d'une réconciliation entre ses parents. Après un bref remariage avec un duc anglais, le marquis de Blandford, sa mère est de nouveau libre. Dès qu'elle s'aperçoit que la passion d'Onassis pour la Callas est en train de faiblir, Christina monte avec son frère une petite conspiration, qui devrait aboutir en douceur à un événement inouï : le remariage de Tina et d'Aristote. Elle connaît un regain d'optimisme quand la famille Kennedy s'oppose au remariage de Jackie, surtout Bobby, pour des raisons électorales : il se présente à la présidence en octobre 1968.

Il est assassiné en mai de la même année ; du même coup, l'été qui suit se transforme en cauchemar : les rumeurs d'une union officielle entre son père et Jackie se précisent, et Christina apprend que Ted Kennedy est venu en Grèce pour mettre au point avec son père les innombrables clauses du contrat de mariage. Onassis discute tout, avec âpreté, comme d'habitude ; mais les Kennedy aussi, notamment le montant de la fortune qui reviendra à Jackie au cas très probable où il décéderait avant « la Veuve », comme l'appelle Alexandre.

Signe de lucidité, et de l'ambiguïté des sentiments qu'il nourrit envers Jackie, Onassis limite cette somme autant qu'il peut et défend, avant tout, les intérêts de ses enfants. Puis il trouve le courage de leur annoncer sa décision. Christina fond en larmes, Alexandre roule une nuit entière à tombeau ouvert au volant de sa Ferrari. Mais leur père fait acte d'autorité et les prévient qu'au cas où ils n'assisteraient pas à son remariage, il les rayerait de son souvenir.

Le 20 octobre 1968, ils sont donc présents à Skorpios, derrière les nouveaux mariés. Christina oppose à Jackie le rempart de silence qui l'a protégée jusque-là de tous les intrus ; et certains croient l'entendre proférer des imprécations dans le dos de la Veuve. Si le fait est exact, il faut croire que Jackie Kennedy était bien protégée contre les mauvais sorts : elle enterrera tous les Onassis...

Christina quitte Skorpios, laisse son père à son semblant de bonheur. Elle a dix-huit ans, elle est plus fermée que jamais. Au fond de son désespoir, il lui reste cependant une certitude, la seule que son père lui ait jamais transmise : rien ne résiste au nom des Onassis. Ni l'argent ni l'amour. Elle sait déjà comment elle va se venger de son père : elle va se trouver un homme. Comme lui-même s'est trouvé ses femmes. Sans lui demander son avis.

Aucun père ne peut se montrer exagérément possessif à l'égard de sa fille, aucune fille ne peut s'éprendre d'un homme du même âge que son père sans qu'on appelle à la rescousse le bon vieux Freud, et qu'on prononce un diagnostic hâtif, résumé en une formule désormais banale : complexe d'Œdipe. Avec son sens habituel de la démesure, la famille Onassis, à l'aube des années soixante-dix, allait rendre à cette psychanalyse de supermarché sa dimension originelle, celle du mythe. Comme dans les plus vieux contes, Christina ne fut pas loin de voir dans la nouvelle venue, Jackie Kennedy, l'équivalent moderne des marâtres des contes. Et tout comme leurs héroïnes délaissées par leur papa-roi, elle se mit aussitôt en quête de son prince charmant. Des mois durant, elle erra dans les boîtes de nuit de la jet-set. « Elle voulait se donner des airs émancipés mais, en réalité, elle était prête à se jeter dans les bras de tous ceux qui trouvaient le déclic », racontera plus tard un de ses amis. Les magazines la fiancent successivement au prince Carl Gustave de Suède, au frère cadet de l'Aga Khan, à Richard de Gloucester. On annonce même son mariage avec le Français Jean-Yves Paul Boncour, petit-neveu d'un ancien président du Conseil. Mais rien n'aboutit vraiment. Ses flirts se concluent invariablement sur des ruptures, aussi imprévisibles que ses coups de cœur.

Préoccupé lui-même par ses tortueuses tractations avec les colonels grecs et ses premiers démêlés avec Jackie (elle est toujours absente et ne se manifeste à lui que par l'envoi à ses bureaux de factures de plus en plus colossales), Onassis demeure indifférent aux tourments de sa fille. Il lui donne constamment du « *chryso mou* » – « mon trésor », le seul mot tendre dont le nabab soit capable –, mais ses débordements d'affection s'arrêtent là et il retourne aussitôt à ses affaires – ou à la poursuite de Jackie.

Un de ses amis avouera plus tard : « Onassis se servait de ses enfants... En public, il disait : "J'aime ma fille, j'aime mon fils", mais il n'y avait pas trace d'amour en lui, il n'avait ni sentiments ni conscience. Il utilisait tout le monde. »

Avec sa froide perspicacité, Jackie sent qu'elle risque de trouver en Christina un adversaire de taille et fait quelques tentatives pour se rapprocher d'elle – avec plus d'adresse que la Callas. Mais elle se heurte au même demi-sourire, au même mur de silence. Un témoin de leurs vacances communes à Skorpios se souvient de ce visage fermé et du désarroi intense qu'il dissimulait : « Je ne crois pas qu'Ari ait compris combien une jeune fille de dix-neuf ans peut être mélancolique et traversée d'élans métaphysiques. Christina avait désespérément besoin de l'affection de son père, ou plutôt qu'il la lui manifeste. » Mais Onassis ne lui manifeste rien, tandis que, de son côté, sa mère poursuit inlassablement sa vie mondaine entre New York, Londres et Athènes. Quant à son frère Alexandre, désabusé avant l'heure, il résume ainsi la vie de famille chez les Onassis : « En fin de compte, nous nous battons tous pour notre propre peau. »

Certes, pour ses menus plaisirs, Christina obtient de son père, au bas mot, deux cent mille dollars par an, alors que son frère s'en tire péniblement avec un salaire de douze mille dollars octroyé au titre de salaire pour son emploi dans une de ses sociétés, Olympic Airways. Situation d'autant plus douloureuse pour Alexandre qu'il est prisonnier du même syndrome d'abandon que sa sœur. Du reste, en toute logique freudienne, il vient de tomber amoureux d'une superbe et richissime baronne de quinze ans son aînée, Fiona Thyssen, qui tiendra vite à ses côtés le rôle de maîtresse, de mère et de sagace conseillère. Avec tact et perspicacité, Fiona l'aide à résister à son père, malgré tous les efforts d'Onassis pour mettre fin à leur liaison. Elle est aussi la première à comprendre que ses enfants ne sont que des pions dans le gigantesque jeu de conquête de la planète entamé par l'armateur quarante ans plus tôt.

Mais Onassis commence à s'aveugler, il vieillit et ne voit pas le monde changer. Contre toute raison, il s'obstine à tracer pour sa fille un destin de « femme grecque », avec un mariage de convenance et de nombreux enfants. Or en ce début des années soixante-dix, Christina, comme les autres jeunes filles de son âge, a découvert la liberté des mœurs ; et son caractère volontaire la pousse à n'en faire qu'à sa tête. Onassis s'obstine, d'autant qu'il croit tenir le gendre idéal en la personne de Peter Goulandris, armateur grec, vingt-trois ans, propriétaire de cent trente-cinq bateaux, de quarante entreprises maritimes, et, comme il se doit, de quelques yachts, chevaux de courses et îles privées. Enfin, son appartenance à une très ancienne lignée d'armateurs satisfait l'insatiable désir de revanche sur les vieilles familles grecques qui continue de tourmenter Onassis.

La mère de Goulandris ne l'entend pas de cette oreille. Elle considère Onassis comme un parvenu, d'autant que ses tractations avec le régime dictatorial des colonels grecs font beaucoup jaser et qu'on commence à estimer que ses méthodes de gestion sont complètement désuètes. De fait, Onassis demeure hermétique aux nouvelles techniques de la haute finance ; il continue d'appliquer à ses négociations des finasseries byzantines qui rappellent davantage les bazars d'Orient que les bureaux de la City ou de Wall Street. Ainsi, alors que ses partenaires arrivent à la table de négociations avec des dossiers peaufinés grâce aux nouvelles techniques informatiques, Onassis continue de discuter ses contrats comme dans les années quarante et cinquante : en griffonnant des chiffres sur un petit carnet...

La mère de Goulandris met donc son fils en garde devant une union qui pourrait s'avérer dangereuse pour son propre crédit en affaires. Mais Peter est amoureux de Christina. Dès qu'il s'en aperçoit, Onassis se met à le manipuler avec une telle habileté qu'il parvient à déjouer l'opposition de sa mère et ses fiançailles avec Christina sont annoncées.

Celle-ci demeure réticente. « Certains mariages se font sous le signe du démon », lui répète Onassis. « Les meilleurs se font sous le signe du Scorpion » – il fait allusion au nom de son île, Skorpios, où doit avoir lieu la cérémonie au plus beau de l'été. La veille de la fête, Christina s'enfuit de l'île. Onassis sauve la face, invente le premier prétexte qui lui passe par la tête, prétend que sa fille souffre de

« dyspepsie nerveuse », tandis que Jackie, qui commence à redouter les colères de son époux, assure plus sagement qu'il ne s'agit que d'un « petit coup de cafard ».

Onassis est pourtant au plus bas. Il vient enfin de comprendre que Christina est désormais à la merci du premier homme qui saura lui offrir un semblant d'affection. Il se retrouve en proie à l'un de ses plus anciens démons, la jalousie, celle-là même qui, naguère, au premier début de soupçon, le conduisait à battre ses maîtresses. Tina, son ex-femme, est plus fataliste. Depuis son exil doré, elle lâche ce commentaire bref et désabusé : « Christina n'en fait jamais qu'à sa tête. On ne sait jamais quelle surprise elle nous réserve. » Et elle retourne à ses mondanités.

Onassis ne désarme pas. Il applique à sa fille la même logique qu'à ses ennemis : il la fait espionner. Son téléphone, comme celui d'Alexandre, est systématiquement écouté, et ses déplacements suivis en permanence par des détectives privés. Pour autant, le 29 juillet 1971, il tombe des nues quand il apprend que Christina vient d'épouser à Las Vegas, à l'issue d'une cérémonie qui a duré quinze minutes, un agent immobilier de vingt-sept ans son aîné, Joseph Bolker.

Cela se passe le soir où il s'apprêtait à fêter le quarante-deuxième anniversaire de Jackie. Les témoins de la scène se souviendront longtemps de cette soirée à Skorpios. « Je l'avais vu bien des fois se mettre dans tous ses états », raconte un témoin, « mais jamais de cette façon. Il était déchaîné, hors de lui, à se bouffer les ongles ».

Les arguments d'Onassis sont à la fois tragiques et dérisoires : « Quand je pense que ce gigolo a les cheveux encore plus gris que moi ! » Mais, de cette minute, toute son énergie va se concentrer sur un seul point : le « problème Christina », comme il l'appelle. Il se fait raconter par le menu sa rencontre avec celui qu'il surnomme « le gigolo ». Et la vérité décuple sa rage : Joseph Bolker est loin d'être un coureur de dot. A quarante-huit ans, ce Californien encore athlétique a fait fortune dans l'immobilier. C'est un « gentil petit millionnaire », selon la définition de Christina. D'après les détectives qu'il emploie à élucider cet épisode de la vie de sa fille, Christina et Bolker se sont rencontrés au bord d'une piscine, à Monte-Carlo. Christina a demandé à le revoir, il la trouvée brillante, séduisante, elle lui a confié ses angoisses. Il a voulu l'aider.

Bolker ne s'est pas rendu compte que Christina, pour être sûre de demeurer maîtresse du jeu, en rajoute parfois dans la mise en scène de la douleur. Elle s'est mise à le poursuivre. Les coups de fil se sont multipliés, comme les lettres enamourées. Cependant, Bolker, qui aimait beaucoup les femmes, ne songeait guère, après deux divorces, à aliéner sa liberté. Un jour, Christina a donc fait irruption sans le prévenir dans son appartement de Los Angeles. Il a exigé qu'elle appelle immédiatement sa mère.

Mais Tina a aussitôt volé au secours de sa fille : elle a demandé à parler à Bolker, lui a conseillé de légaliser la situation ou de renvoyer Christina en Europe. Bolker a protesté, argué de son âge et de l'opposition probable d'Onassis à tout projet de mariage. Tina, par une sorte de perversité inconsciente, est lourdement revenue sur l'impérieuse nécessité du mariage ; puis elle a raccroché.

C'est ainsi que le piège s'est refermé sur Bolker ; et pour tout arranger, quelques heures plus tard, Christina a tenté de se suicider aux barbituriques. Bolker est parvenu à la sauver. Mais dès qu'elle a été rétablie, elle a menacé : « Si tu ne m'épouses pas, je continuerai jusqu'à ce que tu acceptes. » Bolker a cédé...

Dès l'annonce du mariage, il comprit qu'il était tombé dans une nasse encore plus effrayante : celle où le captura Onassis en personne ; en même temps que l'amour envahissant de la fille, il dut alors affronter de plein fouet la haine démesurée du père. Dans l'esprit de l'armateur, Bolker avait réussi à supplanter Niarchos dans le rôle ingrat d'ennemi n° 1...

Christina s'y attendait. Avec d'autant plus de fatalisme qu'un jour qu'elle faisait du surf, elle perdit sa bague de mariage. La Grecque superstitieuse refit alors surface : elle obligea Bolker à la chercher des heures dans les vagues, puis sombra dans le désespoir le plus complet. Peu de temps après, son père lui fit savoir que les dispositions qu'il avait prises en sa faveur – lui remettre soixante-quinze mille dollars nets d'impôts à sa majorité – étaient suspendues tant qu'elle ne serait pas divorcée de Bolker. Puis il lui envoya un émissaire qu'elle savait capable des intimidations physiques les plus diverses, du passage à tabac à l'assassinat.

Elle prévint Bolker. Il ne se départit pas une seconde de son attitude de gentleman. Il déjeuna avec le sbire d'Onassis, ne se troubla à aucun moment, même quand l'autre lui objecta que ses origines juives étaient susceptibles de faire échouer les affaires de son beau-père avec les Saoudiens. Bolker lui opposa le front le plus serein, lui affirma qu'il était parfaitement à même d'assurer le train de vie de sa femme. A l'issue du déjeuner, il était persuadé que la partie était gagnée. C'était sans compter sur l'incroyable ténacité d'Onassis. Tous les matins, dès que Bolker avait le dos tourné, Christina était accablée d'appels les plus divers, émanant de ses anciennes relations, qui lui racontaient pis que pendre sur son mari. Le comble fut atteint le jour où l'on voulut la persuader que Bolker faisait partie de la Mafia. A bout de nerfs, Christina partit retrouver sa mère.

Celle-ci fut ravie d'apprendre que son ex-mari concentrait son énergie et sa rage vengeresse sur le « problème Christina ». Elle n'avait jamais pardonné à Onassis l'épisode de la Callas et préparait en secret la revanche de sa vie : après son divorce du marquis de Blandford, elle projetait d'épouser le pire ennemi d'Onassis, Niarchos en personne, veuf de sa propre sœur, morte quelques mois plus tôt dans des circonstances très mal élucidées. On s'accordait généralement à dire qu'il s'agissait d'un suicide par les barbituriques, mais certains esprits avaient suggéré que la main de son mari y était pour quelque chose ; pendant quelques semaines, du reste, Niarchos avait été inquiété.

A vingt et un ans, Christina se refusait encore à croire qu'elle vivait un remake moderne de la tragédie des Atrides. Et comme toutes les héroïnes tragiques, sa passion l'aveugla. Elle ne soupçonna rien quand sa mère, dans un rarissime accès de générosité, lui remit deux cent mille dollars en lui conseillant de tenir tête à son père : elle crut que Tina, sincèrement, voulait la consoler de la perte de sa dot.

Elle ne comprit la manœuvre que le 22 octobre 1972 quand elle apprit, de la bouche d'un standardiste, le remariage de sa mère avec Stavros Niarchos. « Christina a crié, hurlé », raconta Bolker. « Ce fut une scène très dure. » Elle était persuadée que Niarchos avait assassiné sa tante et qu'après elle, il supprimerait sa mère.

Mais la colère d'Onassis surpassa la sienne. Malgré son divorce, il continuait de considérer Tina comme sa propriété et son remariage avec Niarchos lui apparut la pire des insultes. C'est précisément ce qu'attendait Tina.

De ce jour, Christina vécut dans l'attente du malheur. Une de ses amies, pourtant assez peu portée sur ce type de réflexions, commente ainsi les semaines qui suivirent : « Autour de cette histoire, il y avait une atmosphère de tragédie grecque. Tout était possible. » Un autre ajoute : « Elle ne pouvait se débarrasser de l'idée qu'il allait en résulter quelque chose de vraiment grave... Tina n'aurait pu trouver mieux pour détruire le fragile équilibre affectif de sa fille. »

C'est sans doute à ce moment-là que Christina commence à s'en remettre à la sérénité fugace et factice des tranquillisants. Elle retrouve ainsi assez d'allant pour rentrer en Europe. Elle y rencontre Fiona Thyssen, la maîtresse de son frère, à qui elle confie son désarroi. Celle-ci est sans illusions sur Onassis. Sa volonté de briser leur liaison est devenue telle qu'Alexandre a dû déposer en lieu sûr des documents compromettants pour son père, afin de posséder des instruments de chantage contre lui au cas où il tenterait de s'attaquer à Fiona...

Au terme d'une longue discussion, Fiona parvient à persuader Christina qu'il est plus sage de divorcer de Bolker, puisqu'elle-même ne tient pas à ce mariage : « Fais les choses avec dignité, un mot dont ton père ne soupçonne même pas le sens. »

Christina rentre donc en Californie pour fêter ses vingt et un ans en compagnie de son mari. Mais le jour de la fête, elle s'éloigne de ses amis : « Il faut que je me réconcilie avec moi-même. » Quelques semaines plus tard, on annonce son divorce.

Le mariage n'avait pas duré sept mois. Onassis exulta, mais ne s'arrêta pas là : il contraignit Bolker à débourser cinquante mille dollars pour les frais d'avocats. Commentaire de celui qui, de mari forcé, était devenu divorcé contraint : « Quand on a un milliard de dollars contre soi, on le sent passer. »

Aussitôt libre, Christina voit se bousculer les soupirants autour d'elle. La rumeur prétend qu'elle fait toujours les premiers pas. Son frère Alexandre la surnomme « la Fille prodigue »... « Elle était passionnée sans savoir se faire aimer », assure une des victimes de ces pressantes avances. Mais la façon musclée dont Onassis avait mis fin au précédent mariage, autant que la méthode employée par Christina pour piéger Bolker, fait réfléchir les plus avides des coureurs de dot.

Alors, elle continue à s'étourdir, sans doute pour tenter d'oublier la farouche volonté de son père, qui ne désespère toujours pas de lui imposer un mari. Mais davantage encore, elle tente de dissiper le sentiment qui la poursuit : l'idée qu'une catastrophe est imminente et qu'elle ne pourra l'éviter.

Ce qu'elle ignore encore, c'est que la machine infernale de la fatalité, pour se mettre en route, s'appuie le plus souvent sur des détails insignifiants. En l'occurrence, ce fut un des accès de pingrerie qui s'emparait régulièrement d'Onassis depuis qu'il avait épousé Jackie Kennedy.

Lui qui avait vu venir de si loin les hommes et les bateaux, il n'avait pas vu venir Jackie ; et il tomba de haut lorsque ses comptables l'avertirent que les dépenses de sa femme devenaient exorbitantes. Il ne pouvait même plus compter sur elle pour ses devoirs de représentation : s'il désirait que Jackie soit quelque part à ses côtés, elle n'y était pas ; et s'il voulait au contraire qu'elle le laisse en paix, elle s'arrangeait toujours pour venir le rejoindre. En somme, Onassis avait trouvé son maître. Il résuma un jour son mariage d'une formule désabusée : « Tous les mois, on me présente la facture. » Et il songea à divorcer.

Sous l'effet de la rage, il était pris de crises d'économies tout à fait incongrues : il refusa un jour à sa fille l'achat d'un téléviseur. Il y avait plus dangereux : il s'obstinait à ne pas remplacer deux avions bringuebalants de la flotte Olympic, qui assuraient le trafic privé entre Athènes et Skorpios. Excellent pilote, Alexandre s'en servait souvent pour transporter bénévolement des malades entre les îles et le continent – ce qui lui valait d'être considéré par les Grecs à l'égal d'un héros. Il finit par convaincre son père de changer les avions défectueux ; et le hasard voulut que ce soit lui qui fût chargé du dernier vol de l'un des avions – l'*Albatros*, comme il l'avait surnommé. Le 22 janvier 1973, après un dîner avec son père, Alexandre quitta sa maîtresse sur une bonne nouvelle : « On dirait que le Vieux a retrouvé sa tête. Il divorce de la Veuve et il vend l'*Albatros*. »

Puis il partit pour l'aéroport d'Athènes. Au moment où il décollait, son avion fut déstabilisé par l'envol d'un Boeing 707 et s'écrasa. Alexandre mourut quelques heures plus tard.

Epreuve de vérité. Au chevet de son frère, Christina comprend deux points essentiels : pour commencer, il est clair que son père est un homme fini. Onassis a les traits bouffis, il tremble de partout, il est hébété au point qu'il s'est présenté à l'aéroport sans papiers. Et elle saisit ensuite que son ennemie n° 1, Jackie, n'est pas une rivale dans le cœur de son père, mais une concurrente dans la course à l'héritage : pendant l'agonie d'Alexandre, Jackie a tenté un rapprochement avec elle… pour lui demander si elle possède des informations sur les dispositions financières que compte prendre Onassis au terme de sa procédure de divorce…

Du coup, au cœur même du deuil, Christina retrouve un regain d'énergie. Elle fait bloc avec son père, revoit sa mère, envisage avec l'un et l'autre la possibilité de réaliser son rêve de petite fille : les voir à nouveau réunis. C'est une chimère ; néanmoins elle impressionne Onassis, qui décide de l'initier à ses affaires. Elle l'étonne par son talent. Elle assiste avec une patience insoupçonnée aux déjeuners d'affaires et aux conseils d'administration. Le vieux macho grec lâche un jour à son propos ces mots surprenants : « Il n'est pas impossible qu'elle dirige un jour la famille. »

En fait, il faut être très perspicace pour s'apercevoir que cette attitude n'est qu'une façade. Les subordonnés de son père sont déroutés par l'expression de Christina, son air constamment taciturne : « Son œil noir vous fusillait en permanence », raconte l'un d'entre eux. Ses amis, pourtant accoutumés à ses sautes d'humeur, s'inquiètent de sa susceptibilité croissante, de ses passages constants de l'allégresse à l'agressivité. Elle fume de plus en plus ; et on ne lui connaît pas d'amant.

Au début du mois d'août 1974, elle disparaît. On la croit dans un quelconque paradis pour milliardaires, quand on apprend qu'elle a fait une nouvelle tentative de suicide. Sa mère accourt à l'hôpital londonien où on la soigne. Déjà marquée par la mort de sa sœur et de son fils, écrasée par la culpabilité de son mariage avec Niarchos, Tina supporte mal de vieillir et se gave elle-même de barbituriques. De surcroît, Niarchos la trompe. Elle imagine que ses enfants sont poursuivis par Némésis, la déesse grecque de la vengeance divine, qui vient frapper tous ceux qui ont vécu dans le désordre et la démesure. C'est pourtant Tina, et non sa fille, que le destin rattrape la première. Le 10 octobre au matin, un domestique la trouve morte dans l'hôtel particulier de Niarchos. Officiellement, Tina est morte d'un œdème du poumon. Certains parlent ouvertement de suicide.

Comme toujours en pareille circonstance, Christina se montre d'une surprenante efficacité. Elle retrouve son sang-froid, exige une autopsie. En réponse, son oncle, Niarchos, furieux, déclare à la presse que c'est Christina qui, par son instabilité sentimentale, a acculé sa mère au désespoir.

Christina continue à faire face. Elle ne s'effondre que devant la tombe de sa mère. Elle lâche alors une phrase qui semble tout droit sortie des tragédies de Sophocle ou d'Euripide : « Ma tante, mon frère, ma mère maintenant… Que nous arrive-t-il ? »

Dès lors, l'idée d'une malédiction ne cesse plus de la hanter. Un photographe qui la rencontre peu de temps après cet épisode la décrit en ces termes : « Elle était très sombre, très maigre, très passionnée, fascinante, avec cette espèce d'aura, je ne veux pas dire de fatalité, mais disons que c'est la notion la plus proche. On sentait en elle quelque chose d'incontrôlable, quelque chose dans ses yeux. »

Et les événements semblent lui donner raison : la maladie attaque bientôt son père, sous la forme d'une affection musculaire rare, la myasthénie, qui lui enlève jusqu'à la force de soulever les paupières. Onassis croit s'en sortir grâce au soutien de sa fille. L'un et l'autre vivent dans une intimité jamais vue jusque-là. Non sans prudence ni calcul de part et d'autre, comme s'il était impossible, dans la famille Onassis, de vivre les situations les plus simples sans conclure un marché. Entre eux, il existe en effet un accord, dont on a bientôt connaissance : Onassis accepte de divorcer de Jackie à condition que Christina convole avec un armateur grec…

Il n'a pas le temps de mettre son projet à exécution : le 15 mars 1975, il s'éteint à l'hôpital américain de Neuilly. Ce maniaque du secret et de l'intrigue a si bien brouillé les pistes qu'on ignore encore sa date de naissance exacte, 1900 ou 1906… Une fois de plus, Christina oppose au malheur toutes ses réserves d'énergie ; il faut dire que la maladresse du clan Kennedy l'a à nouveau ranimée : Jackie n'a pas jugé utile de venir assister son mari dans ses derniers moments ; elle est arrivée à son chevet après son décès… Quant à Ted Kennedy, sur le chemin de Skorpios, avant même l'inhumation d'Onassis, il a cru bon d'interroger Christina sur ce qu'elle comptait faire de l'immense fortune que lui laissait son père…

Et Onassis n'est pas enterré que la petite rade du port de Skorpios est le théâtre d'une scène inouïe : Christina monte sur le pont du yacht paternel et se met à haranguer la foule d'employés qui l'entourent : « Ce bateau et cette île m'appartiennent ! Vous tous m'appartenez désormais ! » « Elle avait parlé en grec », commenta un témoin, « et ces paroles semblaient venir des profondeurs de son être ».

Comme chaque fois que le malheur la frappe, Christina se jette à corps perdu dans le travail. Grâce aux carnets secrets de son père, où il consignait les failles de ses adversaires et les plus infimes détails de ses subtilités d'affaires, elle reprend en main son fabuleux héritage, le réorganise de fond en comble, se débarrasse des vieux pétroliers improductifs, diversifie ses investissements. Elle travaille jusqu'à quatorze heures par jour. Le fameux complexe d'Œdipe, autrefois réglé dans le sang, Christina s'en libère maintenant par des batailles financières, et elle les remporte chaque fois haut la main.

Ce qui la maintient constamment en éveil, comme son père autrefois, c'est sa soif de revanche. D'abord contre Jackie : moins d'un mois après la mort de son père, et au terme d'une entrevue d'une demi-heure, elle obtient que « la Veuve » lui restitue sa part de Skorpios et du yacht, moyennant vingt-six millions de dollars. Puis elle attaque Niarchos, fragilisé par sa récente déconfiture : ses raffineries grecques sont nationalisées, son empire pétrolier, faute de diversification, connaît des difficultés. Elle en profite pour l'assigner en justice afin de récupérer l'héritage de sa mère.

C'est à ce moment-là que la ressemblance physique de Christina avec son père s'accentue. Un atout de plus : elle impressionne ses adversaires. Elle le sent, devient chaque jour plus dure, plus tyrannique. La presse populaire la surnomme « l'Impératrice Onassis ».

Seuls quelques intimes soupçonnent l'angoisse dissimulée par cette boulimie d'activité. Dans la même journée, Christina alterne dangereusement les prises d'amphétamines, d'antidépresseurs et de barbituriques. Tous s'alarment, on prétend qu'elle va finir comme sa mère. Jusqu'au jour où elle rencontre le fils d'un gros banquier d'Athènes, Andréadis, qui porte le prénom de son frère disparu.

Ce nouvel Alexandre a trente ans et il est grec. Le gendre idéal, aurait dit son père. Elle s'amourache de lui. Un mois plus tard, avec sa rapidité de décision habituelle, elle l'épouse. Le jour des noces, le fiancé a oublié les alliances. Christina s'effondre : mauvais présage.

Le signe ne tarde pas à se confirmer : au bout de quelques mois, elle doit constater qu'en lieu et place d'un docile prince charmant, elle a épousé un gros macho grec, incapable de supporter sa soif de domination. Le jour où elle apprend que les affaires d'Andréadis battent de l'aile, sa résolution est prise : elle le quitte.

Elle part pour Moscou. Une fois de plus, elle veut se noyer dans le travail. Là-bas l'attendent des affaires particulièrement complexes. Son correspondant soviétique s'appelle Sergueï Kauzov et, lui assure-t-on, c'est un partenaire difficile. Elle se renseigne sur lui : il est borgne, marié, et père d'une fille de quatorze ans. Elle le rencontre : quelques jours plus tard, ils sont amants, et Christina recommence à caresser des projets de mariage. Elle s'arrange pour que Sergueï vienne à Paris, divorce d'Andréadis sans la moindre difficulté et emmène le Russe en voyage au Brésil…

La passion de Christina est d'une évidence criante. A son retour du Brésil, elle n'a plus qu'un nom à la bouche : Dostoïevski, l'écrivain de toutes les malédictions ; elle s'est mise à dévorer ses œuvres.

Mais de Washington à Paris et à Bonn, les stratèges occidentaux sont sur le pied de guerre : avec ce nouveau coup de tête amoureux, c'est toute une partie de la flotte pétrolière occidentale qui risque de passer à l'Est. Car telle une héroïne des plus mauvais films du réalisme soviétique, la plus riche héritière d'Europe ne fait plus mystère de son intention d'épouser le Russe et de trouver le bonheur dans un deux-pièces à Moscou…

La guerre du brut aura-t-elle lieu ? En cette fin juillet 1978, telle est la question qui agite toutes les chancelleries. Avec la rumeur d'un mariage probable de Christina Onassis avec l'étrange Sergueï Danilovitch Kauzov, terne employé de la Sovfracht, société qui contrôle les sept millions de tonnes de la flotte marchande soviétique.

De l'autre côté de ce qu'on appelait alors « le rideau de fer », un mariage avec un étranger se transformait généralement en harassante course d'obstacles. Pour Christina et Serguēï, en revanche, la bureaucratie se fait curieusement coopérative. Tout est bientôt en ordre. En attendant le jour de la cérémonie, Christina loue une suite à l'hôtel Intourist ; c'est là qu'elle lâche une phrase qui fait frémir toutes les places financières : « Pourquoi une capitaliste et un communiste ne pourraient-ils pas s'aimer et vivre heureux ? »

De sa vie, Christina Onassis n'avait lu une seule ligne de Marx et elle n'était pas brusquement saisie du démon idéologique. Elle était amoureuse, tout simplement, et c'était sans doute pire, car l'élu de son cœur était tout bonnement soupçonné d'appartenir au KGB… Or, en cette fin des années soixante-dix, la flotte marchande soviétique ne cessait de grignoter à l'Occident de nouvelles parts de marché. Si Christina ajoutait sa propre flotte à l'armada de ses supertankers, l'URSS pouvait contrôler du jour au lendemain l'approvisionnement en pétrole du monde occidental.

Au beau milieu d'un été tranquille, l'équilibre Est-Ouest se retrouve donc suspendu aux soupirs de Christina sur l'oreiller d'un Russe un peu chauve, affligé d'un œil de verre et d'une vilaine dent en or. Le PC de l'OTAN, les directeurs des plus grands trusts pétroliers, les hommes politiques internationaux, les chefs des services secrets, tous les décideurs sont à bout de nerfs, lisent et relisent inlassablement les biographies de Serguēï Kauzov, scrutent ses photos à longueur de journée pour tenter de comprendre comment l'une des plus riches héritières du monde, qui avait pourtant brillamment prouvé son intelligence en affaires, a pu tomber dans un piège aussi grossier.

Après les gazettes du cœur, Christina fait donc la « une » des journaux les plus sérieux. Du *Washington Post* au *Corriere della Sera*, du

Monde au *Times*, ce ne sont plus que spéculations sur cet imbroglio politico-amoureux. Puis, dans une villa de la région d'Athènes, la tribu Onassis au grand complet se réunit pour un conseil de guerre. Gratsos, le vieil ami d'Onassis, vient de rentrer de Moscou. Il est consterné : il n'a pas réussi à convaincre Christina de renoncer à son mariage. Il ne lui reste plus qu'à chercher, avec les fondés de pouvoir des vingt-cinq sociétés léguées par Onassis, la parade juridique et financière qui empêchera le dernier caprice de Christina de se transformer en catastrophe pour l'empire économique si chèrement acquis par le dernier des nababs.

D'après Gratsos, dans la perspective où la passion l'aveugle au point d'opérer un transfert massif de ses intérêts dans la sphère d'influence soviétique, Christina peut décider de vendre la très feutrée Banque de Dépôts, établissement genevois dont elle est propriétaire, et qui abrite des comptes numérotés appartenant à d'importantes personnalités internationalement connues. La banque couvre aussi des opérations financières qui ne sont pas des plus limpides. Comme une partie de la flotte de Christina est restée inemployée les années précédentes, on murmure qu'elle cherche à compenser ces pertes par la vente de la banque suisse. Les princes arabes sont sur les rangs ; les Soviétiques aussi…

En ce milieu d'été, même les Suisses se laissent gagner par l'angoisse. Et l'inquiétude devient telle qu'on finit par consulter le premier mari de Christina, Bolker, qui répond tendrement (et diplomatiquement…) : « Le rêve de Christina a toujours été d'avoir un petit logis entouré d'une bonne clôture, avec un enfant dans un berceau. » Gratsos en convient volontiers, mais de là à choisir le rideau de fer comme clôture, et une HLM soviétique comme petit logis !

Seulement comment faire ? Personne, au grand jamais, n'a pu prendre d'ascendant sur Christina Onassis. Gratsos a pu jouir auprès d'elle d'une certaine autorité, mais son voyage à Moscou vient de prouver qu'elle ne l'écoute plus. Enfant trop gâtée, privée d'affection, elle a perdu depuis très longtemps les repères de la vie ordinaire. Ceux de l'argent, bien sûr, mais aussi ceux de l'espace : son jet privé l'attend en permanence pour l'emmener là où bon lui semble. Enfin, en matière sentimentale, elle ignore toute règle du jeu : du moment qu'elle veut un homme, elle estime qu'il doit lui appartenir. Depuis la mort de son père, et quoique Onassis ait sagement exigé que la signature de Christina soit toujours accompagnée de celle de sa tante Artémis et de deux associés (hélas fragiles et âgés), la jeune femme s'estime seule maîtresse de sa colossale fortune. Ses premiers succès l'ont confortée dans la certitude de sa compétence universelle. Elle traite hommes et choses de la même façon, avec violence et mépris, en sombrant dans le plus absolu désespoir au moment – vite arrivé – où elle s'aperçoit que les hommes, à la différence des choses, peuvent se révolter et l'abandonner... Son dernier mari, Andréadis, vient d'en faire la cuisante expérience. Et il commente ainsi son échec : « Il y a tant de femmes en Christina... Je n'ai jamais su à laquelle j'avais affaire... »

La jeune femme ne le savait sans doute pas elle-même. Avant sa rencontre avec Kauzov, elle changeait de rêve, de look et d'idéal plusieurs fois par mois – d'amant aussi, disaient les mauvaises langues. Et on rappelait sans cesse le mot qu'Onassis avait eu naguère à son propos : « Vouloir diriger Christina, c'est comme chercher à barrer un bateau qui n'a pas de gouvernail. »

La question qui tourmente alors la famille Onassis et les gouvernements occidentaux peut donc tenir en une seule phrase : et si les Russes avaient trouvé le secret qui permet de dompter Christina ?

A grand renfort de rapports de détectives privés et de messages confidentiels, tous tentent de reconstituer l'historique du mariage. La saga Onassis tourne au mauvais roman d'espionnage. Depuis sa rencontre avec Serguéï, en 1976 – comme d'habitude, elle a fait les premiers pas –, Christina a passé son temps à le poursuivre ; et ce fonctionnaire grisailleux, ce bon père de famille, qui ne cherchait jusque-là qu'à se faire couleur de muraille, s'est laissé entraîner sans difficulté dans une liaison misérable faite de cinq-à-sept chez des amis complaisants et de déjeuners clandestins dans des bistrots de banlieue.

Jusqu'au jour où il a disparu sans crier gare. Pendant plusieurs semaines, Christina n'a pas eu de nouvelles de lui. Elle a fini par recevoir un coup de téléphone aussi bref que mystérieux : « J'ai été rapatrié à Moscou de force. Il ne faut pas chercher à me rejoindre. Ce serait très dangereux pour moi. »

Dès cette époque, les services secrets français, pour qui Kauzov n'était pas un inconnu, ont soupçonné une manipulation classique (et, murmure-t-on aussi, bien connue des gigolos…) : jeter la proie qu'on s'est choisie dans l'angoisse la plus mortelle, afin de la rendre parfaitement malléable.

De fait, Christina avait aussitôt imaginé Kauzov comme un preux chevalier persécuté par les Soviets et prisonnier, par amour pour elle, de l'enfer glacé d'une toundra sibérienne ou des hôpitaux psychiatriques de l'archipel du Goulag. Son imagination s'était à ce point enflammée qu'elle avait envisagé de le faire enlever, et même contacté à cette fin plusieurs aventuriers, notamment des spécialistes du détournement d'avion…

Au bout de plusieurs mois de silence, des émissaires soviétiques se présentent enfin à Christina, lui proposent de lui fournir des renseignements sur Kauzov. Puis ils se volatilisent. Christina remue ciel et terre, finit par apprendre que Serguéï a quitté sa société, la Sovfracht. Dans son appartement moscovite, son téléphone ne répond plus.

Pour comprendre le désespoir qui s'empare alors de Christina, il faut rappeler qu'aux beaux temps de leur liaison, elle pouvait affréter son jet privé d'une minute à l'autre pour aller à Londres téléphoner à Serguéï parce qu'elle y possédait une ligne directe avec Moscou, alors qu'à Paris, elle devait lui susurrer ses mots doux en passant par le canal d'une opératrice… A bout d'angoisse, elle consulte donc un neuropsychiatre. Il augmente ses doses de barbituriques. Son entourage s'alarme. Mais brusquement, elle retrouve tout son allant : elle vient de recevoir un message téléphonique tout aussi bref, imprévisible et mystérieux que le premier. On l'a appelée de Moscou : « Kauzov est libre, il a surmonté tous ses problèmes. » Et l'étrange correspondant ajoute que, si elle le désire, elle peut venir le rencontrer.

Elle se rend illico à Moscou. Elle y découvre un Serguéï fraîchement divorcé. Il se dit prêt à l'épouser. Elle exulte : deux ans qu'elle lui demande de rompre avec sa femme… Elle rencontre sa future belle-mère, dont les déclarations, fait exceptionnel, sont immédiatement répercutées dans la presse soviétique : « J'avais honte de recevoir une jeune femme si riche et célèbre dans mon petit logement. Mais Christina m'a dit de ne pas m'en faire. Elle m'a gentiment glissé : Vous savez, je me sens ici comme chez moi… » De son côté, Serguéï proteste de la sincérité de ses sentiments : « Les compagnies de Christina Onassis ne m'intéressent pas. Sa compagnie me suffit amplement. »

La bureaucratie soviétique est houspillée par le Kremlin pour hâter toutes les formalités concernant le couple. Néanmoins, elle ne parvient pas à faire libérer aussi vite que le souhaite Christina le six-pièces que la jeune femme estime nécessaire à son confort. Comme elle envisage de le faire décorer par Atalanta Politis, le décorateur de la jet-set, les travaux risquent encore de retarder le moment où elle pourra pendre la crémaillère. Sans l'ombre d'une hésitation, elle décide alors de commencer sa vie matrimoniale en partageant le deux-pièces de sa nouvelle belle-mère…

C'est ainsi qu'on en est arrivé à ce mariage qui désespère l'Occident. Et pas moyen d'arrêter la machine infernale : l'union est célébrée le 1er août 1978, au palais des Mariages, à Moscou. Christina a signé un contrat assurant à son époux un « dédit » de cinq cent mille dollars en cas de divorce. Les nouvelles se font de plus en plus alarmantes ; on apprend que Christina, avant la cérémonie, a couru les gynécologues, on la dit enceinte ; et on souligne que si son bébé venait à naître en URSS, il serait automatiquement citoyen soviétique. Enfin le jour même du mariage, un journaliste proche du Kremlin rappelle aux Occidentaux les principes qui régissent le régime matrimonial soviétique : la communauté réduite aux acquêts. Or les acquêts, avec Christina, ne sont pas négligeables : rien qu'en intérêts d'intérêts, elle peut toucher jusqu'à deux millions de francs *par jour*… Et le journaliste d'ajouter avec un sourire fin : « En cas de divorce, Sergueï Kauzov aurait droit à une pension alimentaire dont le montant serait fixé par un tribunal de Moscou en fonction des revenus du conjoint le plus fortuné… »

Pour autant, le Soviétique moyen se plaît à imaginer ce mariage fracassant comme la conclusion heureuse d'une douloureuse *love story*. L'histoire de Christina flatte son chauvinisme et sa sentimentalité. Dans toutes les conversations privées, on ne parle plus que de la romance de la jeune capitaliste et du petit bureaucrate. L'imaginaire bute cependant sur le chiffre de la fortune de la belle : cinq cents millions de dollars. Les regards deviennent alors étrangement rêveurs : visiblement, les Russes ont du mal à imaginer la somme et les dépenses mirifiques que ce pactole peut autoriser. Et, eux aussi, ils s'interrogent sur la façon dont ce grisâtre fonctionnaire a pu se retrouver dans les draps d'une aussi riche héritière...

Christina Onassis donna plus tard un semblant de réponse : sa passion pour Sergueï Kauzov, jura-t-elle, était essentiellement physique. Pour autant, quatre jours après le mariage, elle désertait son lit... et la Russie. Dans le deux-pièces de sa belle-mère, sur le buffet du salon, le bouquet de noces, des roses rouges et blanches, n'était pas encore fané.

Son voyage de noces au lac Baïkal est annulé. Elle est partie seule. Motif invoqué : les Russes auraient refusé de dégager un couloir aérien pour faire passer son jet privé et l'auraient accusée de « sybaritisme capitaliste ».

En fait, elle est rentrée à Athènes où la tribu Onassis l'attend de pied ferme : sa tante Artémis l'a convoquée pour un conseil d'administration exceptionnel. Elle n'est pas arrivée qu'on la force à examiner les documents qui prouvent que son nouveau mari est un agent du KGB. On lui demande de ne pas revoir Kauzov. Si elle refuse, elle devra se séparer de toutes ses actions dans l'empire Onassis.

La guerre des nerfs commence. La presse grecque suggère que l'incapacité juridique de Christina pourrait être prononcée. Des appels anonymes assaillent des environs d'Athènes, on menace de dynamiter la maison, des policiers prennent position dans le parc.

En quelques jours Christina multiplie les aller-retour entre la Grèce et Londres. Dans la presse financière et diplomatique, on donne quotidiennement des comptes rendus de ses moindres déplacements. Les paparazzi et les membres des services de renseignements se bousculent dans son sillage ; l'intoxication et la désinformation font rage.

De tous les gouvernants, les responsables de la Maison Blanche sont certainement les plus alarmés ; quelques mois plus tôt, Christina n'a-t-elle pas abandonné sa nationalité américaine aux seules fins de liquider un imbroglio fiscal avec le régime grec ?

Mais, à peine quinze jours après le mariage, des rumeurs de divorce commencent à courir. Après un passage à Skorpios, où elle continue de régner sans partage (les paysans lui baisent les mains et continuent de l'appeler « reine Christina »), elle se rend à Londres. Au siège de la British Petroleum, un représentant du Foreign Office, choisi par le Premier ministre britannique lui-même, lui apprend que les Saoudiens ne tiennent plus à renouveler leurs contrats avec une compagnie dont la principale actionnaire pourrait être tombée sous l'influence communiste. Or quatre-vingt-cinq pour cent de la capacité de ses tankers sont employés au transport du pétrole saoudien.

Christina rentre à Athènes très déprimée. Son désarroi s'accroît quand une information (peut-être inspirée par un service secret) lui apprend que Kauzov, en son absence, passe ses nuits avec sa première femme. Elle repart aussitôt pour Moscou. Elle continue à refuser l'idée que son mari soit un espion. Elle tente de s'installer dans la capitale russe, pense à apprendre la langue. Elle renonce très vite et se contente de dévaliser les magasins pour étrangers et d'engloutir des milliers de dollars en coups de fil à des amis occidentaux.

Et surtout, elle apprend la mort subite, et mystérieuse, de David Karr, l'homme qui avait facilité sa liaison avec Kauzov et ses contacts avec les Soviétiques. De ce jour, elle est convaincue qu'elle a été la victime d'une tentative de manipulation. Mais elle n'arrive pas à se séparer de Kauzov. Elle rentre en France en sa compagnie et tente (avenue Foch !) de jouer les femmes ordinaires. Pour plaire à son mari, qui supporte mal ses légions de domestiques, elle licencie chauffeur, femme de chambre et maître d'hôtel, puis s'habille ostensiblement comme une petite vendeuse de quatre sous. Rien n'y fait : quelques mois plus tard, le couple se sépare.

Cadeau de rupture pour le Russe : un pétrolier de soixante-dix-huit mille tonneaux. Commentaire curieusement macho de Christina : « Je veux que mon ex-mari soit bien pourvu. » Comme si, dans ses relations avec les hommes, elle voulait à toutes fins copier le comportement de son père avec les femmes...

On se perd encore en conjectures sur les dessous de cet épisode russe, au terme duquel Christina finit par sauver miraculeusement sa mise – tout en faisant de Kauzov un riche armateur... Peut-être, comme son père, ne trouvait-elle de réel bonheur que dans le risque, en mélangeant dangereusement les affaires et les aventures sentimentales. En tout cas, Kauzov n'est pas renvoyé à ses foyers qu'elle passe sans transition du régime soviétique au régime amaigrissant. Avec diurétiques, anxiolytiques, antidépresseurs, tranquillisants, coupe-faim, tout l'arsenal chimique des marchands de minceur, qui préfèrent lui prescrire les pilules qu'elle leur réclame à cor et à cri, plutôt que de lui expliquer la vérité : son poids est le rempart qu'elle dresse entre les autres et elle, dans son impuissance tragique à savoir les aimer.

La décennie quatre-vingt sera donc celle de sa lutte contre les kilos. Depuis l'échec de son mariage moscovite, elle n'arrête plus de grossir. Elle incrimine le caviar et le Pepsi-Cola russe, mais tous ses amis constatent qu'elle est de plus en plus impulsive, irrationnelle et vulnérable – comme victime d'un chagrin qu'elle n'arrive à calmer qu'en prenant le chemin du réfrigérateur. Un journaliste malveillant la surnomme « Supercuisses », ce qui ne la trouble pas outre mesure : tout comme son père, il ne lui déplaît pas de susciter l'intérêt médiatique, même si c'est pour être brocardée. Mais à la différence d'Onassis, qui s'en était toujours tenu à la légende flamboyante d'un mirifique *money-maker*, Christina demeure tiraillée entre des images contradictoires. Après avoir joué les femmes d'affaires, puis la femme ordinaire, elle se figure qu'elle peut devenir une reine des boîtes de nuit ; et son poids se met à suivre les fluctuations de sa vie affective. Elle n'a pas trente ans et elle se désintéresse de ses affaires. Du reste, le moindre effort semble lui répugner : elle charge ses domestiques de faire la queue à sa place à l'entrée des cinémas… Parfois aussi elle est prise au contraire de subits élans d'activité ou de générosité, se dévoue brusquement (et souvent maladroitement) pour un ami atteint d'un cancer, une ancienne relation tombée dans la drogue. Mais l'excès qu'elle met en tout la dessert et l'enferme dans la solitude.

Gratsos, le fidèle ami et conseiller de son père, meurt en 1981, la laissant dans une immense détresse. Des journées entières, elle reste cloîtrée dans son appartement de l'avenue Foch, à grignoter sandwiches sur sandwiches. Elle a déjà tellement perdu le sens des réalités qu'elle utilise son jet privé pour envoyer chercher à New York des bouteilles de Coca-Cola basses calories. Elle ne les fait venir que par lot de deux cents bouteilles, « pour être sûre qu'elles soient de fabrication récente ». Elle en consomme vingt à trente par jour. Chaque Coca-Cola lui revient donc à six cents francs la bouteille. Dans son incohérence, elle en arrose des feuilletés dégoulinants de graisse, d'énormes soufflés au chocolat…

Pourtant, il ne manque pas d'hommes prêts à la trouver belle comme un Crésus femelle. Mais ses divorces en font reculer plus d'un, comme sa boulimie amoureuse. Il est de notoriété publique qu'elle ne recule devant rien quand elle veut un homme, et on connaît désormais les ravages qui s'ensuivent… En 1981, elle n'hésite pas à arracher à son très sélect collège anglais un jeune homme de 19 ans, fils d'armateur grec, comme il se doit. Elle se met en tête de l'épouser. L'opposition de la famille comme les cent kilos de Christina feront réfléchir le jeune prétendant. Elle reprend alors sa vie de saltimbanque de luxe, sans port d'attache en dehors de Skorpios, où elle s'étourdit dans des fêtes insensées. On la voit hanter à nouveau les boîtes de nuit, elle se lie ainsi avec Philippe Junot, s'amourache de l'avocat de Jackie Onassis, revoit Kauzov. Elle commente ces retrouvailles répétées avec une féroce ironie : « Nous vivons un divorce moderne, ouvert… » Au même moment, elle se laisse courtiser par l'héritier des parfums Coty. Un jour qu'elle se dore sur une plage grecque, il fait tomber sur elle, du haut d'un avion, une pluie de roses…

Mais Christina ne trouve généralement pas d'autre moyen d'échange avec ses soupirants que l'argent, toujours l'argent. Un témoin raconte : « Il ne fallait pas se risquer à admirer un objet dans un magasin quand on était avec elle, elle vous l'achetait aussitôt. » Et comme d'autres boivent, elle mange pour oublier. Un jour qu'elle vient pour un second essayage chez un grand couturier, elle a tellement grossi qu'elle ne rentre plus dans la robe. Elle parcourt la maison de couture en sous-vêtements, en insultant les ouvrières. Le couturier préfère convenir qu'il a fait une erreur plutôt que de lui dire la vérité que lui renvoie pourtant le miroir : Christina Onassis est devenue obèse.

Une relation de son père, Henri Roussel, manager d'une firme pharmaceutique, la rencontre un jour par hasard et trouve enfin le courage de le lui dire. Christina se rappelle alors qu'elle avait connu son fils, Thierry, pendant son adolescence. Elle le revoit. Un soir, ils se replongent dans un album de photos... Pour Thierry, Christina se soumet à un régime amaigrissant des plus draconiens et redevient la femme rayonnante et active de ses plus belles années. Elle l'épouse au printemps 1984 dans une robe rebrodée de diamants et de perles. Elle a retrouvé la joie de vivre.

Mais sept jours plus tard, ils se séparent. Puis se retrouvent. Puis se séparent à nouveau. Avant de se retrouver... Cependant une nouvelle, quelques mois plus tard, rend espoir à tous leurs proches : Christina est enceinte. Elle avait toujours rêvé d'avoir un enfant.

Avant même l'accouchement, il est aisé de prédire qu'elle sera une mère protectrice : elle engage à son service exclusif un gynécologue de réputation internationale. Prix de cette haute surveillance : un million de dollars. L'enfant naît par césarienne le 29 janvier 1985. C'est une fille, à qui Christina donne le nom de la déesse grecque de la sagesse et de l'industrie : Athéna. C'était aussi le prénom de sa propre mère.

Très vite, la jeune maman la surnomme *Koucla*, « petite poupée »... Un bébé à gâter et aussi à défendre : ses appartements et ses villas sont truffés d'alarmes, de caméras électroniques qui tournent en permanence, et des gardes du corps surveillent constamment l'enfant.

Thierry Roussel se retrouve enfermé ; et le centre d'intérêt exclusif de Christina est devenu le bébé. Au moindre reproche, elle explose. Ses colères deviennent spectaculaires. Le divorce paraît inévitable. Il est prononcé à la fin de l'année. Thierry Roussel refuse énergiquement les cadeaux de divorce dont Christina est coutumière.

Malgré la présence de l'enfant, elle retrouve alors son cycle infernal : cures d'amaigrissement, barbituriques, coupe-faim.

Des hommes, à nouveau, traversent sa vie. De loin en loin, on la fiance, mais comme s'il y avait dans son passé des épisodes ineffaçables, elle revoit périodiquement Kauzov, et surtout Thierry Roussel. Signe d'une possible réconciliation, il fait bâtir un yacht qu'il baptise du nom de leur enfant. Mais, comme toujours, Christina redevient très vite tyrannique et envahissante, insupportable à ceux-là mêmes qui la chérissent. Elle reprend alors son chemin de croix de boulimique, les menus basses calories, calculés au gramme près, presque immédiatement suivis d'une razzia sur le réfrigérateur. Un jour, on la voit se précipiter dans une épicerie, acheter un camembert, s'asseoir à même un trottoir et l'engloutir en quelques minutes…

Le jet de Christina, toujours prêt à décoller au Bourget, rameute ses amis au premier coup de cafard. Christina se sent si dépendante de ces accès de mélancolie qu'elle refuse de louer son avion, même momentanément. Et pourtant, certains jours, elle se retrouve entièrement seule. Pour éviter un face-à-face avec elle-même, dans ces moments où elle doit admettre l'évidence que la beauté et l'amour ne s'achèteront jamais, fût-ce avec l'or d'une Onassis, elle va jusqu'à embaucher un couple de mondains pour lui tenir compagnie. De l'avis général, ils sont mortellement ennuyeux. Commentaire de Christina, qui refuse de les congédier : « Que voulez-vous, à présent, on a tant de mal à trouver du personnel... »

La dernière de ses amies fidèles, Marina Dodero, est argentine. Christina se montre de plus en plus intéressée par son pays, elle projette de s'y installer. Un caprice de plus, à moins que ce ne soit un retour aux origines : c'est là que son père a commencé, dans les années vingt, grâce à l'appui d'un de ces Dodero, Alberto, qui d'un seul froncement de sourcils pouvait faire s'effondrer la Bourse du Pacifique ou renvoyer dans ses foyers un ministre récalcitrant...

C'est chez les Dodero que finira Christina, dans la salle de bains d'un country-club vulgaire et luxueux, non loin de la ville où une cantatrice un peu lourde, entre deux tangos acides, avait fumé en public les cigarettes à bout doré d'Aristote Onassis – sa première publicité, son premier pactole, celui qui lui avait permis de bâtir sa fortune.

La boucle était refermée : Christina était venue finir là où son père avait commencé. Il avait la rage de vivre, elle ne s'intéressait plus à rien, sauf à son enfant. Mais il est trop facile d'expliquer sa disparition par une dépression chronique de pauvre petite fille riche. Christina, qui parlait haut et fort, a laissé derrière elle quelques clefs. Certains de ses amis se souviennent notamment d'une scène qui se déroula un soir, à Skorpios, juste après que sa famille lui eut expliqué que le Russe était un agent du KGB. Elle voulut alors jouer au jeu des « si ». Elle demanda : « Que serais-je devenue si mon frère Alexandre avait vécu ? » Personne ne répondit, et elle donna elle-même la réponse : « Je n'aurais pas eu la lourde charge d'être une Onassis. J'aurais été plus libre. Mais je n'aurais jamais été tout à fait moi-même. »

Ce soir-là, personne n'osa lui demander ce qu'elle imaginait qu'il serait advenu d'elle si elle était née à Smyrne, la patrie de son père, sur les bords de la mer Egée, au temps de la domination turque, cent ans plus tôt. Elle y aurait vécu sans doute en femme heureuse de ses rondeurs, en se gavant de loukoums, avec un enfant de plus chaque année, qui serait venu jouer dans les plis de ses voiles. Puis elle aurait vieilli tranquillement dans l'ombre d'un mari commerçant et roublard qui lui aurait offert le paradis d'une maison orientale, d'où elle aurait guetté, par le grillage d'un moucharabieh, les rues d'un port fleurant le goudron, les raisins secs et l'huile d'olive. Elle n'aurait attendu d'autres joies de la vie que le soleil en hiver, la fraîcheur en été, la tendresse d'un époux, la douceur d'une famille. Dans ses grandeurs et ses misères, l'histoire de Christina Onassis ressemble donc à celle des plantes acclimatées sous des climats étrangers, ou à la fatalité qui frappe les animaux éloignés de leur territoire naturel : vite atteints de troubles inquiétants, de mutations baroques, qui les mènent rapidement à leur perte.

En donnant à sa fille le nom d'Athéna, Christina voulut sans doute conjurer cette malédiction des déracinés : dans la tragédie grecque, c'est justement la déesse Athéna qui mit un terme définitif à la tragédie des Atrides après des décennies de bruit et de fureur. Dans un de ses terribles accès de lucidité, Christina chercha peut-être, par la tendre promesse d'un prénom, à conjurer l'engrenage du destin et à ramener l'héritière de sa fortune maudite sur le chemin rigoureux et tranquille de la simplicité.

Femme mystère
et célébrité planétaire

Jackie Kennedy

John, Jackie, Caroline et John-John
offrent à l'Amérique l'image parfaite
d'une famille épanouie.

A travers Aristote Onassis,
Jackie va chercher à compenser l'emprise
qu'elle n'a pas eue sur JFK.

Jackie Kennedy
Femme mystère et célébrité planétaire

Certains points de ce récit recoupent des épisodes du précédent chapitre. Le lecteur pourra ainsi vérifier que, dans une même famille, selon le point de vue des uns et des autres, la relation des mêmes faits peut être radicalement différente.

S'il est une personnalité féminine qui a marqué le vingtième siècle, c'est bien elle. On connaît pourtant à peine le son de sa voix ; en dépit de sa célébrité planétaire, elle n'accorda que de très rares et très brèves interviews et, sa vie durant, elle opposa le même mépris à tous les bruits, fondés ou non, qui couraient sur sa personne.

Femme-mystère. Laquelle fut la plus vraie, de la veuve qui suivit le cercueil de John Fitzgerald Kennedy ou de la quadragénaire bronzant nue sur les plages privées d'Onassis ? De la jeune fille indépendante et anticonformiste ou de l'épouse accomplie qui supporta, dents serrées, les innombrables frasques de son président de mari ? Mais le sut-elle elle-même ? Et son existence fut-elle autre chose, en définitive, que la quête d'une unité perpétuellement refusée ?

C'est sans doute dans sa prime enfance qu'eut lieu la fracture, cette brisure dont elle ne se remit pas, mais qu'elle parvint à dissimuler avec la plus parfaite efficacité, grâce à ce masque dont elle ne se départit jamais : souriant et distant à la fois – la meilleure façon de décourager toute forme d'inquisition. L'une des clefs du personnage de Jackie, c'est qu'elle était une fille de la côte Est, née dans une famille d'origine française : elle devait son patronyme, Bouvier, à un ancêtre originaire de Pont-Saint-Esprit qui avait participé à la célèbre expédition de Rochambeau contre les Anglais, laquelle avait abouti, en 1778, à la création des Etats-Unis.

Une rue de Philadelphie porte encore le nom de cet illustre ascendant. L'anecdote n'est pas un détail : outre-Atlantique, les descendants de ces valeureux soldats forment sur la côte Est une sorte d'aristocratie soudée par les mêmes valeurs : l'élégance, la classe, la discipline, le goût de la culture européenne, et, fait très singulier aux Etats-Unis, un sens des convenances qui n'exclut pas un certain penchant pour l'originalité.

Mais comme l'avait fort bien noté l'écrivain Scott Fitzgerald, cette élite raffinée n'aurait jamais pu, sans l'argent, se faire respecter ; et ce milieu, si particulier et si fermé fût-il, sacrifiait aussi à l'une des valeurs essentielles des Etats-Unis : le culte de la réussite matérielle. C'est dans cet esprit que la mère de Jackie, Janet Lee, avait épousé John Vernon Bouvier : outre son nom, sa culture et sa beauté ténébreuse, l'homme possédait une charge d'argent de change à la Bourse de New York. Malheureusement, Bouvier était infiniment plus passionné par les femmes que par les variations boursières. Dès sa lune de miel, celui qu'on surnommait « Black Jack » (« Jack le Noir ») se mit à flirter ouvertement avec d'autres beautés ; et surtout, il montra très vite une propension extraordinaire à jeter les dollars par les fenêtres des gratte-ciel.

Or Janet, elle-même fille d'un banquier new-yorkais, était extrêmement ambitieuse et, davantage encore, fort soucieuse de son rang.

Le souvenir de ses propres ancêtres, Irlandais jetés sur les routes de l'exil par la disette due à la maladie de la pomme de terre, était extrêmement vivace dans son esprit. Du jour où il fut clair qu'elle ne parviendrait jamais à domestiquer ce play-boy jouisseur, dépensier et couvert de dettes, elle se mit donc à le mépriser.

Contradiction fondatrice du tempérament de la future Jackie Kennedy. L'enfant va naître et grandir entre des parents qui ne vont jamais cesser de se déchirer et dont elle va épouser successivement, et parfois simultanément, les valeurs et les passions antagonistes. Ni sa naissance, le 28 juillet 1929, trois mois avant le krach de Wall Street, ni celle de sa sœur, trois ans plus tard, ne parviendront jamais à rapprocher Janet et le beau Black Jack. Union de la carpe et du lapin. La petite Jackie va passer toute son enfance à espérer entre eux l'harmonie impossible. Elle n'a pas sept ans lorsque, pour la première fois, son père quitte le domicile conjugal ; puis il revient, repart, revient encore – quatre années durant. Comme toujours en pareil cas, les enfants deviennent l'enjeu majeur des querelles entre les parents. Jackie n'échappe pas à ce dilemme banal ; mais chez elle, il va modeler tous ses comportements futurs : d'un côté, elle adule ce père qui n'hésite jamais à la couvrir de cadeaux ruineux, même quand ses finances sont au plus bas. Dès qu'il est là, elle rayonne, il la pousse à se singulariser et elle n'a de cesse que de l'avoir séduit. Mais il n'a pas disparu que Jackie épouse le rêve de sa mère, qui vise à faire d'elle une jeune fille conforme aux normes de la meilleure société. Et surtout, elle fait siennes les récriminations et le féroce pragmatisme de Janet : tout comme elle, Jackie considère qu'un sou est un sou et, à cause des dettes paternelles, elle vit dans un sentiment permanent d'insécurité.

Le cadre de ses premières années est cependant plus qu'honorable : la famille Bouvier a des domestiques, habite un fastueux appartement de Park Avenue, à New York ; les petites filles sont élevées par une nurse et, plus tard, on les inscrit dans les meilleures écoles de la ville. Jackie apprend l'équitation dès son plus jeune âge ; elle y excelle. Son tempérament froid et réfléchi s'affirme d'ailleurs très tôt : un jour, à quatre ans et demi, elle s'égare dans Central Park ; au policier qui l'aborde alors, elle rétorque sèchement que sa nurse et sa sœur viennent de se perdre...

Et rien ne semble pouvoir briser cette belle assurance – sauf les disputes de ses parents. Avec les années, leurs querelles se font de plus en plus violentes. Pour les oublier, Jackie s'invente une sorte de tour intérieure où personne ne peut l'atteindre. Elle prend l'habitude d'opposer à la vie une attitude faite à la fois de présence et de distance, de hauteur souriante et de regards rapaces. On la sent à la fois douloureuse et calculatrice, sensible et organisée, mais on ne sait jamais ce qui l'emporte en elle ; seule est flagrante sa détermination à s'affirmer, quel qu'en soit le prix.

Jackie a onze ans quand le divorce de ses parents est prononcé. Dans la bonne société de la côte Est, le retentissement de leur séparation est énorme : il fait la une d'un journal new-yorkais et son annonce est assortie de nombreux détails croustillants sur les frasques de Black Jack.

Pour Jackie, la blessure est profonde ; il lui en restera une défiance systématique pour toute intrusion dans sa vie privée, et même une sorte d'infirmité à se confier à quiconque. Cependant, l'énergie pragmatique de sa mère la galvanise : moins de deux ans après ce désastreux divorce, Janet réussit à mettre le grappin sur un Ecossais richissime, Hugh Auchincloss, banquier d'affaires barbant à souhait, mais qui a le cœur sur la main et pas en forme d'artichaut, contrairement à Bouvier. De surcroît, la fortune d'Auchincloss remonte à sept générations : c'est ce qu'on appelle sur la côte Est l'*Old Money* (« le vieil argent »), la valeur entre toutes : à l'extrême richesse, elle associe la quintessence du prestige et du raffinement...

Jackie et sa sœur distinguent immédiatement le bénéfice qu'elles peuvent tirer de l'astucieuse stratégie de leur mère, et le nouveau quatuor, sans la moindre fausse note, va aussitôt s'installer à Washington. Au grand dam de Black Jack, l'abandonné, qui commence à sombrer dans l'alcool. Son ex-femme n'en a cure : elle a refait sa vie et, grâce à la fortune d'Auchincloss, elle mène enfin l'existence brillante dont elle rêvait depuis toujours.

Le dilemme qui a déchiré l'enfance de Jackie pourrait donc s'en trouver conjuré ; et de fait, inscrite dans une pension chic du Connecticut, la jeune fille y décalque l'attitude autoritaire et stratège de sa mère. Bégueule, studieuse, autoritaire, manipulatrice, elle se fait vite une réputation d'arriviste ; on la surnomme « Jackie Borgia ». Cependant, malgré l'emprise de Janet, elle se fait frondeuse : à la première occasion, elle allume une cigarette, se couvre le visage de fond de teint ou va dévaliser les cuisines de la pension...

Car, malgré son éloignement, Jackie est de plus en plus fascinée par la figure de son père. Celui-ci lui rend souvent visite, c'est lui qui la pousse à ces comportements anticonformistes ; il n'a de cesse que de la convaincre qu'elle est de ceux qui doivent avoir un destin d'exception. Elle finit par en devenir si persuadée qu'au jour de sa sortie de la pension, elle inscrit sur sa photo de classe une phrase qui en dit long : « Volonté de réussir dans la vie et refus d'être une femme au foyer. »

Mais sa mère n'est pas disposée à lui laisser la bride sur le cou ; en cette fin des années quarante, Jackie suit donc le parcours de toutes les jeunes filles de son milieu : bals, régates, sports d'hiver, cocktails... Elle demeure absolument dans l'ignorance qu'il puisse exister une autre vie que celle-là, et son aplomb est tel qu'au bal des débutantes, à Newport, elle remporte immédiatement la palme. « C'est une brune magnifique qui a les traits classiques et délicats d'une porcelaine de Saxe. Elle a de l'aisance, une voix douce et de l'intelligence », commentent alors les gazettes. Puis Jackie entre à l'université – le Vassar College, un établissement des plus chics, lui aussi. Pour mieux affirmer ses origines sociales, elle choisit les études les plus appréciées dans les salons de la côte Est : la littérature française et, à l'aube de ses vingt ans, décide de s'inscrire pour un an à la Sorbonne.

Pour Jackie – comme pour la plupart des Américains cultivés de l'époque –, la France est un pays exotique, délicieusement pittoresque, inconfortable et bohème ; et Paris la capitale des plaisirs les plus inattendus. D'abord logée dans une excellente famille de l'avenue Mozart, elle sillonne ensuite la France et, rentrée dans la capitale, se grise de tout, notamment des boîtes de nuit que fréquente la jeunesse dorée. C'est là qu'elle finit par nouer sa première idylle, une liaison avec John Marquand, écrivain de son état, fort bel homme, et originaire comme elle de la côte Est. Folle amoureuse de lui, Jackie est prête à l'épouser, mais sa mère s'y oppose : Janet lui fait valoir qu'elle ne possède pas un bijou digne de ce nom et qu'elle doit impérativement faire un mariage d'argent dans la haute société de son pays.

Jackie semble hésitante et, comme ses anciennes camarades de pensionnat, ses amis de l'époque notent alors son étrange dualité : « Elle était très attirante mais toujours sur la défensive. Elle n'avait qu'un défaut : son incapacité à se rapprocher des gens. Elle n'était pas superficielle mais difficile à cerner. » Un autre ajoute : « Une grande force de caractère... mais des faiblesses qu'elle n'acceptait pas. Pas plus que celles des autres, du reste. Si elle n'estimait pas un homme, si elle ne l'admirait pas, elle le laissait immédiatement tomber. »

Rentrée à Washington, elle reprend donc ses études. Sa curiosité pour la vie finit cependant par l'emporter. Hantée par le désir de rencontrer des gens célèbres, et soucieuse de correspondre au modèle d'anticonformisme que lui dicte son père, elle choisit la voie du journalisme. Elle se présente à un concours, qu'elle emporte haut la main malgré une pléthore de rivaux : pas moins de mille deux cent quatre-vingts... Thème de l'essai : « Les gens que j'aurais voulu connaître. » Le choix de Jackie se porte sur Baudelaire, Wilde, Diaghilev. Argumentation, pour les deux premiers : « Ce furent des poètes, des idéalistes qui réussirent à peindre le péché avec franchise, sans jamais cesser de croire à quelque chose de plus noble. » Quant à Diaghilev, Jackie fait son éloge en ces termes : « Il possédait un talent plus rare que le génie artistique, la faculté de tirer le meilleur de chacun et d'en faire un chef-d'œuvre. » Et la conclusion de l'essayiste en herbe résume assez sa passion pour le beau : « Si je pouvais être une sorte de directeur artistique du vingtième siècle, ce sont leurs théories sur l'art que j'appliquerais. »

Sa mère lui conseille alors d'aller proposer ses services au *Washington Times Herald*. Armée d'un gros appareil photographique à flash, Jackie va frapper aux portes pour obtenir des interviews. Elle commence à se faire apprécier, mais son métier la contraint à quémander sans cesse et son amour-propre en est sans doute secrètement blessé. Lasse de travailler et de solliciter, elle se lie avec un banquier, un certain John Husted. Bagues de fiançailles, roucoulades au clair de lune, rien n'y manque. « J'ai trouvé l'homme de mes rêves », proclame-t-elle. En fait, profondément ulcérée par sa rupture avec Marquand, et piquée au vif par le récent mariage de sa sœur cadette avec le prince Radziwill, il semble bien qu'elle ait tout bonnement jeté son dévolu sur le premier venu…

Pour autant, le mariage est programmé, annoncé, préparé ; l'entourage de la jeune fille s'étonne : Jackie et Husted n'ont vraiment rien de commun. Madame mère elle-même n'est pas d'accord : elle trouve que le jeune homme n'est pas assez riche. Mais elle a beau faire, Jackie (peut-être pour le seul plaisir de la contrarier) se montre inébranlable. Il est pourtant flagrant qu'elle n'aime pas ce John Husted. Le fiancé lui-même s'en aperçoit, ce qui n'a pour effet que de le rendre plus amoureux…

Pour la première fois, dans un dîner, le chemin de Jackie croise alors celui de John Kennedy, de douze ans son aîné. Sa beauté d'Irlandais, ses airs détachés, son charisme l'impressionnent. De son côté, le séducteur est fasciné par cette jeune femme si différente des autres. « Elle est vraiment à part », commente-t-il à l'issue de cette rencontre. Il lui téléphone ; mais Jackie est fiancée et il n'insiste pas.

Quelques mois plus tard, lors d'un bal, Jackie l'aborde. John est riche, il a tout pour plaire à sa mère – sauf son milieu : « Des voyous irlandais », peste-t-elle. Pour autant, un flirt s'ébauche entre Jackie et John. Le fiancé officiel l'apprend. Jackie le rassure ; elle lui demande seulement de repousser le mariage : « J'ai encore besoin d'un peu de temps. » Puis l'inévitable finit par se produire, par un matin pluvieux où Jackie conduit Husted à l'aéroport de Washington. Une vraie scène de film : alors même qu'ils se sont quittés dans une ultime étreinte, Jackie, au lieu de rentrer chez elle, attend le moment où les hélices de l'avion commencent à tourner. Husted est en train d'escalader la passerelle ; elle se précipite sous la pluie battante, se jette sur lui, enlève sa bague de fiançailles et la lui glisse dans une poche, avant de rebrousser chemin en courant – sans avoir dit un mot.

Quelques jours plus tard, John Kennedy invite Jackie à Hyannis Port pour la présenter à sa famille. Elle est chaussée de spartiates dernier cri, dont les lanières montent jusqu'au genou ; ses cheveux sont crêpés et teints ; le reste de sa tenue est à l'avenant. Les femmes Kennedy forment aussitôt barrage contre elle et se moquent de sa voix enfantine. Le week-end se met à ressembler à une séance de bizutage ; tout exaspère Jackie, en particulier l'esprit de compétition et le délire sportif qui animent les membres du clan ; chez les Kennedy, tout est prétexte à concours – même quand la tribu est à table et échange des propos en principe insignifiants…

Mais Jackie tient bon. John aussi : il est fasciné par la distinction et l'originalité de la jeune femme, il voit là un moyen d'échapper à un clan qui l'étouffe. Le soir même, leur flirt se fait plus rapproché. Jackie commence à rêver mariage.

John, lui, n'en souffle mot. Mais elle a résolu d'être patiente ; elle veut cet homme, et elle l'aura. Le goût de l'argent, la difficulté de l'entreprise la stimulent. « John avait le sang chaud et un cœur insensible », note un de ses amis. « Jackie était prête à prendre le risque. Si elle n'avait pas eu aussi peur de ressembler à son père, elle serait partie pour Paris ou ailleurs et elle serait devenue complètement indépendante. »

De fait, pendant quelques mois, John est ému par Jackie ; alors que son journal a expédié la jeune femme à Londres pour « couvrir » le couronnement d'Elizabeth II, il lui télégraphie : « Articles excellents, mais vous me manquez. » Elle n'est pas revenue qu'ils se fiancent. Sur cet épisode, Kennedy finira par confier, sans qu'on sache si c'est ou non une plaisanterie : « Elle devenait trop bonne journaliste. Elle aurait fini par menacer ma carrière. J'ai préféré l'épouser. »

Et c'est ainsi que l'une des femmes les plus brillantes de la côte Est se transforme en assistante effacée et dévouée du politicien le plus prometteur des Etats-Unis. Les frasques de Kennedy sont innombrables, sa muflerie et son mépris des femmes connus de tous ; mais Jackie s'entête ; et elle se découvre bientôt un allié en la personne de Joe, le père de John et le chef du clan Kennedy. Fasciné par la patience, la classe et le raffinement de la jeune Miss Bouvier, il arrête que son fils, à trente-six ans, doit impérativement, s'il veut parvenir au faîte des honneurs, l'épouser.

Les images des noces de John et de Jackie, en septembre 1953, immortalisées par un petit film, laissent l'illusion de la conclusion radieuse d'une magnifique romance. La réalité était en fait d'une impitoyable dureté : sa demande en mariage, John l'avait faite en grommelant, un soir, au volant de sa voiture, comme s'il lui proposait d'organiser une conférence de presse ; et il avait instamment demandé à Jackie de ne pas vendre la mèche avant la parution d'un article sur sa vie de célibataire dont il escomptait beaucoup pour son ascension politique. Jackie obtint tout de même la promesse d'un mariage dans l'intimité, ce qui n'empêcha pas John d'inviter deux mille personnes… Le matin du mariage, pour tout arranger, le père de Jackie fut retrouvé ivre mort dans sa chambre d'hôtel et c'est au bras de son beau-père qu'elle fit son entrée dans l'église. Mais la jeune femme, une fois pour toutes, avait pris la résolution de donner le change. Elle avait décidé qu'elle aurait cet homme ; elle l'avait eu ; et, malgré sa brutalité, il avait accédé au plus cher de ses désirs de jeune fille : passer leur lune de miel à Acapulco. S'il suffisait de vouloir pour pouvoir, jusqu'où ne monterait-elle pas avec cet homme qui lui-même semblait avoir le don de changer le monde d'un simple claquement des doigts ?

Aussi, durant leur lune de miel – quelques brèves journées d'espoir éperdu –, dédie-t-elle à John ces quelques vers :

« Il bâtira des empires
Et il aura des fils.
D'autres s'effondrent
Quand il poursuit sa course.
Il trouvera l'amour
Sans trouver la paix
Car il lui faut chercher
La Toison d'Or
Et tout ce qui l'attend
C'est la mer et le vent. »

Et, sitôt rentré, Kennedy reprend sa vie d'avant : course au pouvoir et chasse aux femmes ; Jackie a tôt fait d'apprendre que lors de leurs fiançailles, il entretenait trois liaisons simultanées...

Elle a donc épousé la réplique amoureuse de son père – les deux hommes portent d'ailleurs le même prénom... Sa seule consolation, c'est que son mari ne tombe jamais amoureux de ses conquêtes.

« Trop narcissique pour ça... C'était vite fait, bien fait, merci madame », confie un de ses plus vieux amis. Et l'écrivain Truman Capote d'ajouter : « Kennedy pouvait abandonner Jackie en plein milieu d'une soirée pour aller courser une fille. Jackie ne s'attendait pas à ce qui lui est arrivé : devenir la risée des femmes de son entourage. »

Car la voilà exactement dans la situation de sa mère du temps de son premier mariage, unie pour le meilleur et pour le pire à un incorrigible séducteur. Elle choisit pourtant de contenir sa colère et se dévoue corps et âme à son mari. Pour mieux le comprendre, elle s'inscrit en sciences politiques à l'université de Georgetown et, lorsque John, à la suite d'une opération consécutive à une blessure de guerre, reste alité pendant de longues semaines, elle ne quitte pas son chevet et l'assiste dans sa rédaction de l'ouvrage qui le rendra célèbre, *Le Courage en politique* – il obtiendra le prix Pulitzer. Car elle a confiance en l'avenir politique de John et en son ascension non moins irrésistible. Les événements lui donnent raison, mais il lui faut bien du courage : elle n'a même pas de toit à elle ; elle loge alternativement chez sa mère ou chez les Kennedy. Or elle déteste sa belle-mère, qui le lui rend bien. Son seul soutien est son beau-père, toujours aussi fasciné par sa beauté et son caractère bien trempé. Les usages en vigueur dans le clan Kennedy lui imposent dans les plus brefs délais aussi d'être mère : en 1956, elle accouche par césarienne d'un enfant mort-né. John est alors sur la côte d'Azur, en croisière avec son frère Ted, et toute une escouade de mannequins et starlettes. Un ami, non sans mal, le convainc de se rendre au chevet de sa femme ; il ne s'y résout que pour des raisons électorales : l'autre lui a représenté que sa muflerie pourrait lui coûter les suffrages féminins lors de la campagne présidentielle...

Jackie songe alors à divorcer. Avec une habileté consommée, elle réussit à affoler son beau-père qui, non moins calculateur qu'elle, lui propose un million de dollars pour qu'elle reste aux côtés de John. Elle aurait répliqué : « Pourquoi pas dix ? » Dès lors, en tout cas, elle s'en tiendra à une seule ligne : monnayer âprement chaque incartade de John.

Epoque douloureuse entre toutes : c'est le moment où son père disparaît, emporté par un cancer. Seule consolation dans ce désert de l'amour : la naissance de sa fille Caroline. Jackie reprend de l'allant, accompagne son mari, qui se représente aux élections sénatoriales ; et John découvre l'utilité politique de sa femme : toujours élégante, souriante, à l'aise dans tous les milieux, elle fait l'unanimité.

Son beau-père, qui a décidé de « lancer John comme un paquet de corn-flakes », est alors traversé d'une intuition géniale : pour la course à la présidence, ce n'est pas seulement son fils que les médias doivent « vendre », mais le couple John-Jackie. Pour gagner, pense-t-il, il faut présenter au peuple américain un couple jeune, dynamique, radieux, harmonieux – en somme l'incarnation physique du bonheur politique que Kennedy promet au peuple américain. Et le vieux Joe de proclamer : « Jackie est le meilleur atout de John ! »

Le vieux patriarche a raison : la présence systématique de Jackie aux côtés de son mari lui permet de gagner les élections sénatoriales, puis de caracoler en tête des sondages. C'est qu'elle semble posséder tout à la fois : le mystère des reines et la franchise de n'importe quel citoyen. Un paradoxe vivant qui fascine les foules. Autant que pour les idées de son mari, c'est pour ce rêve qu'on vote. Mais John ne cesse pas de courir la gueuse. La rumeur commence même à se répandre qu'il est l'amant de Marilyn Monroe. Jackie est enceinte ;

elle décrète qu'elle va cesser d'épauler son mari dans la course à la Maison Blanche ; Joe et son fils ne parviendront à la faire revenir sur sa décision qu'au prix de nouvelles – et très âpres – tractations.

L'élection de Kennedy, le 9 novembre 1960, alors qu'elle est près d'accoucher, ne lui apporte nul soulagement, bien au contraire ; non seulement les jeunes femmes continuent à se succéder dans les bras de John, à l'intérieur même du palais présidentiel, mais surtout, Jackie commence à vivre dans la hantise de l'assassinat : « Nous sommes des cibles sur un stand de tir », ne cesse-t-elle de marteler. La naissance de leur fils, avec un mois d'avance, fin novembre, ne la rapproche pas davantage de son mari : John l'a encore laissée seule, il est parti se reposer en Floride…

Cette fois, tout de même, le Président paraît un peu plus conscient de ce qu'il doit à sa femme ; l'arrivée de ce fils le réjouit et les deux époux concluent une sorte de pacte : faire de la présidence de John l'un des moments les plus éclatants de l'histoire de la Maison Blanche. Jackie réorganise entièrement les lieux, les redécore dans le style français et donne des réceptions brillantissimes où se côtoient les plus grands artistes du monde. Son élégance sidère les journalistes – mais toujours pas son mari, qui la trompe de plus belle. La désinvolture sexuelle du Président est extrême : il continue de recevoir ses maîtresses à la Maison Blanche, parfois deux ou trois simultanément… Tout le personnel est au courant ; et, bien entendu, Jackie.

Elle met alors au point la tactique qui la rendra célèbre : la vengeance par la dépense. Non seulement elle refuse de paraître dupe des frasques de Kennedy, mais elle l'engloutit sous des montagnes de factures ; et elle oppose à ses colères un silence aussi glacé que royal. A ce régime, son emprise sur son entourage devient si forte que le Président lui-même commence à la regarder d'un autre œil. Il est vrai que durant les voyages officiels à l'étranger, c'est elle qui capte tous les regards. Avec son cynisme habituel, loin de s'en offusquer, il cherche à en tirer parti, comme le prouve la formule célèbre qu'il eut à son arrivée en France, en juin 1961 : « Je suis le type qui accompagne Jacqueline Kennedy... »

Leurs rapports se font alors de plus en plus passionnels. John a besoin de Jackie ; Jackie trouve une grande jouissance à seconder John, mais l'un et l'autre ne peuvent s'empêcher de s'abandonner à leurs hantises ; elle, de monnayer ses apparitions ; et lui, de la tromper. Enfin les deux de s'entre-déchirer...

Un troisième enfant leur naît le 7 août 1963 et meurt deux jours plus tard. John est effondré et, pour une fois, s'attendrit. Il semble avoir compris la force d'âme et la douleur de sa femme ; elle a du mal à se remettre et elle est envahie d'une tristesse qui paraît incurable. Aussi, au début de l'automne, quand le milliardaire grec Onassis invite Jackie à une croisière en Méditerranée, John l'encourage à accepter.

Elle s'y rend. A bord, elle est traitée en souveraine. « Nous irons où bon vous semble, lui déclare Onassis. Ici c'est vous qui commandez. » Le luxe inouï du yacht l'amuse, comme les anecdotes dont l'étourdit l'armateur, et son humour irrésistible. En tout bien tout honneur – n'est-elle pas l'épouse de l'homme le plus puissant du monde ? –, il la couvre de bijoux. Au moment du départ, elle lui avoue, conquise : « J'aurais voulu que ce voyage ne finisse jamais. » A son retour, elle se sent mieux, mais son sentiment de lassitude ne l'a pas abandonnée ; et elle n'est pas rentrée que John lui demande de l'accompagner dans ce qui s'annonce comme une épreuve redoutable : un voyage au Texas, capital pour sa réélection.

Un de ses amis raconte : « Il n'avait aucune envie d'y aller… mais il raillait, tout excité : Jackie va montrer à ces péquenots ce que c'est que la mode… » Sa femme accepte de le suivre, puis se ravise, accepte à nouveau, puis refuse, enfin donne sa parole qu'elle sera aux côtés de son mari à Dallas. Tout ce qu'elle souhaite, c'est une voiture couverte : « Je veux rester bien coiffée. » Kennedy s'y oppose et exige une décapotable : « Si on veut que les gens viennent, il faut qu'ils sachent où nous trouver… »

On le sut, et on le trouva ; et c'est ainsi que Jackie, aux côtés de son mari expirant, se transforma en icône de la tragédie moderne.

Dès lors, les contradictions douloureuses qui travaillaient sa personnalité ne vont plus cesser de s'approfondir. Depuis le fatal matin du 22 novembre 1963 où son mari avait été abattu à ses côtés, Jackie était devenue, aux yeux de toute la planète, la Veuve. Son image en tailleur Chanel maculé de sang puis sa silhouette stoïque et voilée de noir aux obsèques de son mari avaient tétanisé la terre entière. Il est vrai que c'était elle qui avait organisé les obsèques ; à peine rentrée à la Maison Blanche, elle avait décidé que son mari serait enterré exactement comme Lincoln, lui aussi assassiné pendant sa présidence. Elle voulut donc que le cercueil fût posé sur une prolonge d'artillerie et tiré par six chevaux blancs, au son de la cornemuse irlandaise ; que vînt ensuite un pur-sang noir, sans cavalier ; et qu'on posât dans ses étriers deux bottes tournées vers l'arrière – usage réservé aux héros de la nation américaine.

La cérémonie fut inouïe ; c'est elle, autant que l'assassinat, qui transforma Jackie Kennedy en mythe ; aussi, au retour du cimetière, se vit-elle condamnée, pour sa vie entière, au rôle de gardienne du Temple.

Or elle n'avait que trente-quatre ans. Les rapports passionnels qu'elle avait entretenus avec John Kennedy l'avaient épuisée, comme ses fausses couches et ses maternités ; et malgré l'immensité et la sincérité de son désespoir, elle avait envie de vivre.

Après des mois d'errance, où elle tente simultanément de fuir la traque des photographes, l'étouffoir du clan Kennedy, le souvenir sublimé de son mari ; enfin les fantômes de ses années à la Maison Blanche, elle se résout à s'installer à New York, la ville de son enfance, et acquiert un appartement de quinze pièces sur la Cinquième Avenue. Ses désordres psychologiques s'apaisent peu à peu : elle cesse de s'abrutir de somnifères et d'antidépresseurs, parvient à cesser de parler de son mari au présent ou au futur, comme elle le faisait encore lorsqu'elle vivait à Washington. La seule angoisse qui continue à la tarauder porte sur l'avenir de ses enfants : « Le monde entier est en adoration devant eux, et moi, j'ai peur pour eux, ils sont tellement exposés... »

Le clan Kennedy resserre son emprise sur elle : Bob veut se présenter à la présidence et tient à son appui. Réunions électorales, ventes de charité, mains à serrer. Jackie continue à jouer le jeu, immuablement royale, muette, souriante et distante. En fait, elle est morte de peur ; elle revit sans cesse le drame de Dallas et ne se pardonne pas son geste de fuite au moment de la fusillade. Elle se met à boire et entame une psychanalyse, à raison de trois séances par semaine. Bob Kennedy tente de la soutenir, des rumeurs de liaison entre eux commencent à circuler. Sans pouvoir jamais être prouvées.

Ce qui est certain, en revanche, c'est qu'un autre homme, en ces mois qui précèdent les élections présidentielles de 1968, se montre particulièrement attentif à ses états d'âme : Aristote Onassis. A la première occasion, il prend de ses nouvelles, la couvre de fleurs, l'invite à sortir. Avec lui, Jackie retrouve sous ses pieds un sol familier : le monde d'argent et de splendeur que son père, naguère, avait rêvé pour elle, un univers où elle serait constamment le centre de toutes les attentions. En compagnie d'Ari, elle retrouve le même plaisir que lorsque Black Jack venait la voir le week-end dans son pensionnat : être adulée, gâtée, chouchoutée ; et la réputation de canaille d'Onassis lui rappelle aussi étrangement son père. Si ce n'est que l'armateur n'est pas près de perdre sa fortune au casino : c'est l'un des hommes les plus roués et les plus riches qui soient.

Au bout de quelques mois de flirt, des rumeurs de mariage commencent à courir. Bob Kennedy, qui compte se présenter aux présidentielles, s'y oppose avec la plus grande fermeté : « Ce mariage pourrait être mal interprété et je n'aurai pas de seconde chance. » Jackie s'entête : elle invite Onassis en vacances à Palm Beach, puis elle le rejoint sur son yacht pour une croisière dans les Antilles. Quelques semaines plus tard, Bob Kennedy est assassiné.

Cet événement a sur Jackie l'effet d'un électrochoc : elle s'estime déliée de toute obligation envers le clan Kennedy. « Je hais l'Amérique », déclare-t-elle à un intime après les obsèques de Bob. « Je ne veux pas que mes enfants continuent à y vivre. Si on a décidé d'exterminer le clan Kennedy, mes enfants sont les premiers sur la liste. Je veux quitter le pays. » Et c'est ainsi qu'elle se résout à l'inimaginable : épouser Onassis.

Sur le coup, personne ne comprit rien à ce qui parut le plus extravagant des mariages. De veuve statufiée dans sa dignité héroïque, on présenta désormais Jackie comme une aventurière, une intrigante habile à cacher son jeu, et qui n'avait jamais été intéressée, dans la vie, que par le pouvoir et l'argent. L'affaire, en réalité, était infiniment plus complexe ; quelques mois auparavant, Onassis lui-même l'avait très finement analysée. Questionné sur ses relations avec la veuve de Kennedy, il avait répondu, non sans perspicacité : « Jackie est une femme incomprise. Peut-être même ne se comprend-elle pas elle-même. On la présente comme un modèle de bienséance, de constance, de toutes ces vertus américaines si ennuyeuses. La voilà totalement dépourvue de mystère. Elle a besoin d'un brin de scandale pour retrouver l'élan vital. Une peccadille, un écart de conduite. Il faudrait qu'il lui arrive quelque chose qui réveille notre compassion. Le monde aime s'apitoyer sur la grandeur déchue. »

Car c'est ainsi qu'il a conquis Jackie : en touchant la part d'elle-même la plus dissimulée, son goût de l'anticonformisme, cette volonté de provoquer qui l'avait animée durant toute son adolescence. En réveillant la région de sa psyché qui la rendait si proche de son père et la poussait à enfreindre les bonnes manières enseignées par sa mère. En fait, c'est plus fort qu'elle : il faut toujours, vis-à-vis des hommes, qu'elle se mette en situation de danger, qu'elle vive des moments de tension extrême, pour mieux essayer d'avoir le dessus. Voilà ce qu'Onassis a su comprendre ; et il est persuadé que, le sachant, sa plus belle conquête ne lui échappera pas.

Mais là où il se montre aveugle, c'est qu'il ne perçoit pas l'extraordinaire et froide obstination de Jackie dans ce type de combat. Elle a aussi des comptes à régler avec les hommes ; et, en l'occurrence, c'est lui, Onassis, la proie. Pour cette femme, qui n'a pas quarante ans, l'armateur, de vingt-deux ans son aîné, est le gibier parfait. A travers lui, elle va chercher à compenser l'emprise qu'elle n'a pas eue sur JFK. Et les précédents. A commencer par son volage papa ; et son premier amant, Marquand.

Curieusement les Kennedy vont l'y aider. Même sa belle-mère, qui est lasse de voir Joe financer les innombrables caprices de Jackie. « Qu'elle aille plumer Onassis et qu'on n'en parle plus ! » déclare-t-elle froidement. Mais Ted Kennedy, l'héritier du clan, sait que la passion de Jackie pour le luxe est devenue pathologique ; son goût de l'argent ne connaît plus de limites, et il ne tient pas à la voir revenir présenter des factures à sa famille. Aussi, avant les noces, d'accord avec Jackie, il se met à négocier férocement les moindres clauses du contrat de mariage entre les deux fiancés. Le tout, bien entendu, à l'avantage de Jackie. De vingt millions de dollars de rente annuelle, Onassis fera baisser leurs prétentions à trois millions ; et, en cas de décès ou de divorce, deux cent cinquante mille dollars par an, à vie. Autrement dit, le prix d'un supertanker… Dans les bureaux d'Onassis, le surnom restera à Jackie…

Cet âpre contexte explique-t-il la tristesse et la tension qui régnèrent à Skorpios le jour du mariage, le 20 octobre 1968 ? C'est possible. Les enfants d'Onassis sont désespérés par la nouvelle, la mère de Jackie a refusé de se déplacer, comme la majorité des amis de la mariée : tous considèrent qu'elle vient de se compromettre d'une manière inexpiable… On ne comprendra que quelques mois plus tard quel déséquilibre profond a poussé Jackie vers cette union si singulière : il suffit qu'elle entre dans un magasin pour qu'elle soit prise d'une boulimie d'achats. Elle a perdu tout contact avec la réalité, agit de façon compulsive, enfantine, effrayante. Par exemple, un jour où le chien de Truman Capote vient de déchirer un manteau de zibeline qui appartient à sa sœur, elle éclate de rire : « Qu'est-ce que ça peut faire ? On en achètera un demain aux frais d'Ari ! »

Les factures s'accumulent sur le bureau du nabab ; leurs divergences de goûts dégénèrent en disputes sordides : elle lui reproche sa grossièreté, lui, le montant de ses dépenses. Elle vit de plus en plus souvent à New York ; quand il s'y rend, elle ne l'invite pas, il doit descendre à l'hôtel. Il est de plus en plus évident que ce mariage n'est qu'un marché de dupes – où, pour la première fois de sa vie, Onassis joue le mauvais rôle. L'armateur s'affiche avec d'autres femmes ; des démonstrations qui la laissent de marbre : elle se consacre de plus en plus à ses enfants, deux adolescents magnifiques à l'éducation irréprochable ; et pour le reste, elle continue d'écumer les magasins…

Au rythme où elle accumule les dépenses – sur une simple foucade, elle peut décider du jour au lendemain de refaire entièrement la décoration de son immense appartement –, Onassis finit par tempêter. « Jackie, l'erreur la plus ruineuse et la plus imbécile que j'aie jamais commise ! » confie-t-il un jour à un proche, lequel commente : « Elle aurait fait sauter n'importe quelle banque. » Le comble est atteint au moment de la mort tragique d'Alexandre, le fils d'Onassis. L'armateur s'effondre ; Jackie, elle, a appris depuis toujours à dissimuler ses sentiments et les démonstrations de douleur d'Onassis lui paraissent d'une intolérable obscénité. Elle en profite pour s'éloigner ouvertement de lui, alors même qu'il sombre dans la dépression nerveuse. Profondément blessé, Onassis modifie alors ses dispositions testamentaires et projette de se venger de Jackie en lui imposant un divorce infamant. Il engage à cette fin un bataillon de détectives. Il n'a pas le temps de mener cette dernière guerre : la maladie le terrasse. Il meurt en 1975, assisté de sa seule fille, Christina : Jackie n'avait pas trouvé son état alarmant et était rentrée à New York vaquer à ses mondanités. Elle ne reviendra en Europe que pour assister à ses obsèques…

Commence alors une longue bataille juridique entre Christina et Jackie ; elle se soldera par un compromis sur la somme de vingt-six millions de dollars. Jackie a bientôt cinquante ans ; sa sécurité matérielle est désormais assurée et elle n'aspire qu'à se faire oublier. Du monde. Ou peut-être d'elle-même.

Années tranquilles et sans histoires, à New York, dans deux maisons d'édition successives, et aux côtés d'un nouveau milliardaire, bien moins riche qu'Onassis, mais beaucoup plus reposant, un Belge nommé Maurice Tempelmans, qui était déjà marié et ne pouvait divorcer. On les aperçoit ensemble dans des dîners en ville, des galas de charité, mais plus un potin sur Jackie, plus l'ombre d'un cancan. Caroline se marie, a des enfants, puis c'est le beau John-John qui, après avoir un peu défrayé la chronique, se range à son tour. Jackie adore ses petits-enfants ; elle s'en occupe autant qu'elle peut et ne paraît jamais aussi apaisée qu'en leur compagnie. Comme si tous ses démons étaient instantanément conjurés par ce tête-à-tête avec la candeur et la pureté. Inchangée, toujours aussi souriante, silencieuse et altière, elle semble s'acheminer vers une vieillesse sereine, quand le plus inattendu des malheurs la frappe : elle apprend qu'elle est atteinte d'un cancer particulièrement rebelle : il atteint son système lymphatique.

Elle est à l'aube de la soixantaine. Il apparaît très vite que le mal est incurable. Jackie l'affrontera avec la même hauteur, le même silence, le même sourire que toutes les rumeurs qui avaient accompagné sa vie. Elle décide de revoir la France, se rend à nouveau dans le Gard, à Pont-Saint-Esprit, la terre de ses ancêtres, avec la plus absolue discrétion. Elle rend l'âme, le 19 mai 1994, à son domicile ; entourée de tous ses proches. Elle n'avait pas soixante-cinq ans ; son beau-frère, Ted, résume alors l'émotion générale : « Jackie était trop jeune pour être veuve en 1963, et trop jeune pour mourir maintenant. Elle aurait préféré être elle-même, simplement ; mais le monde a voulu qu'elle soit une légende. » Et le clan décide aussitôt, à l'unanimité, de l'inhumer au cimetière d'Arlington, aux côtés de JFK.

Comme si cette manière qu'elle avait eue, sa vie durant, de se tenir si droite, cette façon bien à elle de taire ses pires angoisses avaient racheté tout le reste, son ambition, son sens du calcul, son goût effréné de l'argent. Et comme si cette force, à elle seule, avait effacé ses passions, ses erreurs, pour lui ouvrir l'éternité auprès d'un homme dont la puissance et la vitalité avaient, elles aussi, subjugué son temps.

Quand les Bretons peuplaient les mers
Fayard, 1979

Les Contes du cheval bleu les jours de grand vent
Livre de poche Jeunesse, 1980

Le Nabab
Lattès, 1982

Modern Style
Lattès, 1984

Désirs
Lattès, 1986

Secret de famille
Lattès, 1989

Histoire de Lou
Fayard, 1990

La Guirlande de Julie
Robert Laffont, 1991

Devi
Lattès/Fayard, 1991

Quai des Indes
Fayard, 1992

Vive la mariée
Editions du May, 1993

La Vallée des hommes perdus
Editions D.S., 1994

L'Homme fatal
Fayard, 1995

La Fée chocolat
Stock, 1995

Le Roi des chats
L'Archipel, 1996

Le Fleuve bâtisseur
Presses universitaires de France, 1997 (hors commerce)

L'Inimitable
Fayard, 1998

CRÉDITS

Rita Hayworth   : © UPI / CORBIS / SIPA
© Philippe Halsman / Magnum
© PPCM

Diana   : © Pierre Demarchelier / Imapress
© Sygma
© Sygma

Margaret   : © Rue des archives
© Rue des archives
© Dalmas / SIPA

Ava Gardner   : © PPCM
© PPCM
© Wayne Miller / Magnum

Marilyn   : © PPCM
© Rue des archives
© Rue des archives

Daphné Du Maurier : © Imapress / Camera Press
© Imapress / Camera Press
© Imapress / Camera Press

Christina Onassis   : © SIPA Press
© Sygma
© Sygma

Jackie Kennedy   : © Dalmas / SIPA
© Rue des archives
© UPI / CORBIS / SIPA

Cet ouvrage, composé par
I.G.S. - Charente Photogravure
à L'Isle-d'Espagnac,
a été achevé d'imprimer
sur les presses de Pollina à Luçon.

Achevé d'imprimer en mars 1999
N° d'édition : 18115
N° d'impression : 77012
Dépôt légal : avril 1999

$$\begin{array}{r} 1835 \\ 51.50 \\ \hline 6985 \end{array}$$